今天開始吃軟飯
完美伴侶的養成指南

13年全靠女友養！
日本名校生親授8大招，
憑實力讓7任掏心掏錢

作者——狐米坤、谷端實（繪者）
譯者——許郁文

前言　～軟飯王的藉口～

不知道您是對吃軟飯這個不明生態感到好奇，還是想要挖苦我這個吃軟飯的傢伙呢？

雖然不知道真正的動機是什麼，但事實就是您已經翻開本書，讀著這段「前言」了，對吧？

此時（時間多到爆炸）的我內心滿是害羞以及感激不盡的心情，甚至想向每位讀者乾杯致意。

無論您的動機為何，都感謝您注意到這本書。

正因為內心澎湃著感謝之情，所以在開始閱讀本書之前，請容我在此先為自己找個藉口。

簡單來說，這本書的主旨就是：

「為什麼我會選擇吃軟飯？」

「軟飯王是如何看待戀愛、人際關係、工作與整個社會的呢？」

針對這些主題，探討本人至今為止的生活型態，以及那些不慍不火的生活細節。

一般來說，這種類似自傳的讀物只有「締造了豐功偉業」的大人物來寫才能發人省思。但是，本書的作者卻是名副其實的一事無成。

比起書店裡排列的其他書籍，本書肯定是貨真價實的「不事生產的傢伙所寫」，但正是因為我相信不事生產也能生存，所以才會動筆寫出這本書。

請各位再次確認這本書的書名。

書名是《今天開始吃軟飯！完美伴侶的養成指南：13年全靠女友養！日本名校生親授8大招，憑實力讓7任掏心掏錢》。

從書名來看，這好像是一本教人怎麼談戀愛或是吃軟飯的書，但本書可不是知識型書籍。

雖然內容寫到透析包養者的方法，以及戀愛相關煩惱的討論，但是就連「前言」都是在為自己找藉口的軟飯王，是不可能受歡迎的。

「明明就只是個吃軟飯的！」、「少廢話！快去工作！」、「都已經給你念到早稻田畢業了，你到底在幹什麼啊！」……我想，應該有不少讀者會有這樣的想法。

不管各位怎麼想都沒關係，我也不知道還可以再幫自己找多少藉口……不過對此，我其實還有其他考量。

我的座右銘就是「逃避至上」，是個只以「輕不輕鬆」來判斷眼前所有選擇，逃避所有不喜歡的事，至今仍然過著寄生生活的軟飯王。

我甘願讓同居人騎在自己頭上，像個孢子菌一般，不斷地寄生在宿主身上。而這樣的我，從一開始就沒有所謂的自尊可言。

寫這本書的主要動機是想告訴各位讀者：「就算是這麼丟臉的傢伙也能活下來，所以你絕對能過得更好！」。

雖然「逃避至上」聽起來有些荒謬，但既然要寫這本書，我當然會利用各式各樣的誇飾法，把所有我「深有所感之事」全寫出來。

如果書裡的某句話能讓你覺得明天上學或上班不那麼痛苦的話，那對身為作者的我來說，絕對會是至高的榮幸。

目錄

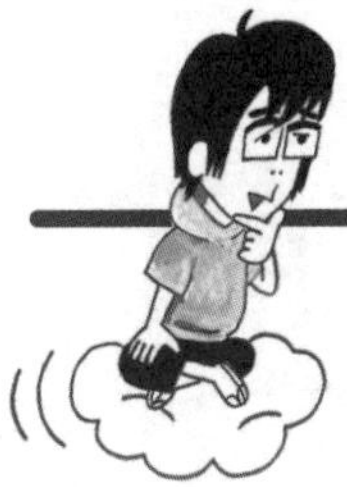

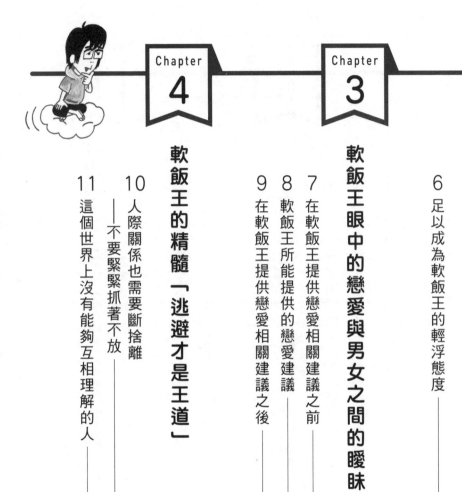

Chapter 5
找出自己擅長與不擅長的事 軟飯王的工作論

Chapter 6
軟飯王所遵循的只有自己的價值觀

Chapter 1

職業是吃軟飯 將軟飯王的不明生態 公諸於世

1 什麼是軟飯王？其實就連我自己也搞不太清楚

從開始當軟飯王至今，我所省下來的房租已經超過1000萬日圓。除此之外，從衣服、生活必需品到工作需要的電腦，甚至是遊戲主機這種娛樂用品，也幾乎都是女方花錢送給我的。

目前為止的人生當中，我還沒有正式上過一天班。從還在念早稻田大學的時候，我就一直是個接受女性援助才能順利活下來的「軟飯男」。

不過，直到有位認識的寫手開玩笑地說：「真該把你這種渣男的生活態度寫成專欄。」，我才發現自己是個「軟飯男」，也就是比「與生俱來的小白臉」更廢的生物。

後來這位寫手在Ｙａｈｏｏ！新聞上發佈了關於我的軟飯生活的文章，我很好奇自己會被如何謾罵炎上，戰戰兢兢地點開留言區之後，卻發現——

「這傢伙不算是吃軟飯的啦！」

「這叫主夫。」

這類正面肯定的留言比想像中來得更多，讓我也越來越搞不清楚自己到底算是什麼。

其實我一直在想，是不是要透過一些例子介紹我是怎麼成為軟飯王的，或是說明為什麼我在換了一位又一位女朋友之後，還能繼續吃軟飯，來藉此充當自我介紹。

話說回來，到底什麼是「吃軟飯」，又是怎樣才能稱作「軟飯王」呢？

從「吃軟飯（我的情況）」的定義開始介紹

首先要定義一個最大前提，也就是本書所說的「吃軟飯（我的情況）」。

根據日文詞典大辭林第三版的定義，所謂的「吃軟飯」似乎是：

教唆女方工作，要求女方進貢的情夫之俗稱

一直以來，我都是以「賴在同居女友花錢租的房子」的方式生活。跟女友出門吃飯結帳時，我也只會「汪！」地出聲模仿電子支付的音效，從來沒掏過錢包。

確實連我也覺得自己符合字典對「吃軟飯」的定義。

但有點弔詭的是，我又不是社會大眾心目中那種向女性索要金錢去賭博，或是做不當生意的小狼狗。

「給我錢！」

「送我禮物！」

這種話我可一句都沒說過。老實說，我是很常向對方借錢沒錯，但是我的零用錢都是靠著寫手的工作，一點一滴慢慢賺來的。

承如「這叫主夫」這個留言，我除了會準備早餐、晚餐之外，還會替女友做便當，讓她帶去公司當午餐吃。不僅包辦打掃、洗衣服這類家事，我還會開車送女友到車站，下班後也會去車站接她回家、聽她抱怨在公司發生的大小事，這些都是我每天的例行公事。

若只看這些行為，我的確很像是主夫，但是我從來沒結過婚（至少到目前為止是這樣），所以也不算是家庭主夫吧？（我不知道為什麼要以這種帶有性別的名稱來稱呼全職處理家事的人，所以我其實不是很習慣這個稱呼）

然而，與主夫有所不同的是，「軟飯王」不是一種職業。頂多可以算是男朋友的一種「類型」吧。

所以我覺得，以下這個定義才符合我的情況：

「包辦家事，讓女方得以安心工作，自己不付房租的同居男友。」

在此將「軟飯王」定義為這種狀態的男友（也就是我）。

不勞而獲＝吃軟飯

其實我也覺得將自己形容成「吃軟飯的」很合理，因為「吃軟飯」這個字眼常給人一種「不勞而獲」的感覺。

除了我從來沒付過房租、水電瓦斯費這些生活必需開銷之外，若只看我與女友去購物時，在我試穿之後，女友問我「要不要買給你？」的情況，就會發現我們真的不是一般的「男女朋友」，而我也真的是個「吃軟飯」的。

有時女友甚至會像是鬼迷心竅般問我：「要不要我出錢讓你去留學？」，但不管是買衣服還是留學，我一律極力拒絕。

而這都是因為：

「雖然這種話由我這個吃軟飯的來說很奇怪，但妳還是好好想想錢該怎麼用吧！這樣才能養我這個省錢的傢伙養得更久呀！」

我打從心底這麼想。

只要做一些我根本不覺得辛苦的家事，就可以不用上班，甚至還能省下必要的生活開支，就連我自己也都知道這種生活方式多少有點投機取巧。

為什麼會成為「軟飯王」？

那麼「軟飯王」又是什麼呢？

我無意將「軟飯王」形容成「吃軟飯的邪門歪道」。

對我來說，「軟飯王」與「吃軟飯」的定義有些不一樣，那到底「哪裡不一樣」呢？

我既不是那種根本毫無音樂天份，卻整天夢想著去武道館開演唱會，打著「本大爺是主唱，其他團員開放各界報名」名號的人；也不是每天去打柏青哥，對店裡熟到像是在逛自家廚房的帥哥。

雖然我跟大家印象中的小白臉或是小狼狗不太一樣，但似乎也沒有什麼值得被稱為「軟飯王」的長處。

我知道，許多人都覺得所謂的吃軟飯，就是讓某位女性愛到「剪不斷，理還亂」的地步，只靠女性供養；但是我不管換了幾任女友，都能成功住進女方家裡賴著不走。

我不是在說我就是這麼「受歡迎」。

換了好幾次女友的言下之意，就是我「被甩了很多次」。

歷任女友不是跟我說：「我覺得跟你在一起沒有未來」，就是：「我一等再等，但你都不願意去上班」，然後跟我斷得一乾二淨。

但我每次都會努力地繼續寄生在女方家中，直到順利尋獲下一位願意包養我的女性為止，所以甚至有下一個飼主開車來到前一個飼主的家來接我的事蹟。（簡直就像是在交接寵物一樣）

若是從省下的金錢來看，或許我真的可以稱得上是「軟飯王」。

雖然每位女友的房租都不盡相同，但大概落在6萬日圓到22萬日圓之間。如果依照之前寄生的順序計算，而且還要再加上13年的水電瓦斯費與餐費的話，大概可得到下列的結果。

第1間　所澤的大樓公寓　房租7萬日圓
第2間　明大前的木造公寓　房租6萬日圓
第3間　勝鬨的高級公寓　房租22萬日圓
第4間　上野的大樓公寓　房租12萬日圓
第5間　松戶的大樓公寓　房租8萬日圓
第6間　中野的普通公寓　房租6萬日圓

幾經波折之後，我現在住在沖繩的大樓公寓，房租是每月7萬日圓。假設每個月的水電瓦斯費平均是10萬日圓，而我到目前為止已經寄生了13年，所以我大概省下了……

10萬日圓x156個月=1560萬日圓

這稱得上是一大筆財產了吧。

話說回來，其實我也不是很清楚具體的房租金額，更從來沒有想要認真計算過。

所以在接受採訪時，粗估這些費用之後，最驚訝的正是我自己。

對於帳戶最多不會超過20萬日圓的我來說，如此龐大的金額就像是天文數字一樣，除了在遊戲或是電視節目之外，我從來沒看過這麼高的金額。

雖然說的好像事不關己，但我真的不知道什麼叫做「軟飯王」。

我是為了讓別人容易理解才會這樣自稱，畢竟我可從來沒發過「我要稱霸軟飯界！」這種毒誓。

我只覺得自己是「加強版的小白臉」。

2 軟飯王的一整天……
每天的行程就是「沒有行程」

到底定義模糊的軟飯王都過著什麼樣的日子呢？

早上　7點　起床、準備早餐和便當，送女友去上班
　　　10點　洗衣服、打掃，前往咖啡廳
中午　12點　待超過2小時的話會被店員瞪，所以換間咖啡廳
下午　16點　去超市買東西
　　　17點　準備晚餐
晚上　18點　慢跑
　　　20點　女友回家，吃晚餐、收拾善後
　　　21點　洗澡，準備明天便當需要的食材
　　　22點　睡覺（睡不著就打電動或是玩電腦）
深夜　24點　這次是真的要睡覺了

想必大家看完之後，就會知道為什麼我會被稱為主夫了吧。看起來我的每一天好像都過得很規律，但其實只是照著女友的生活步調過活而已。

軟飯王起床起得很早

正確來說，軟飯王會在快要七點的時候起床。

雖然沒有具體的時間表，不過軟飯王的一天都是「比女友更早開始」，也不會「吵醒女友」。

這麼做的理由很簡單，比起和女友一起起床後再做早餐或便當，這麼做「更能討對方歡心」。

如果同居人（小白臉）比自己還早起床，而且先做了很多事情，應該會覺得很開心，或是有點不好意思吧？不斷地營造這種好印象，就是能夠一直寄生下去的祕訣。

其實仔細想想就會發現，老家的父母親也會做這些事情，但是同居人來做的話，就會有種「不好意思」的感覺。所以只要這麼做，不僅能夠洗腦對方「別讓這個寵物逃走」，還能讓對方產生自己的存在是有所必要的錯覺。

用軟飯王的手作便當打造女友「再忙也會騰出時間煮飯」的形象

其實便當的配菜都是前一天就先準備好的菜色，早上只要加熱一下就好。唯一需要當天製作的只有玉子燒，不用20分鐘就大功告成了。

進一步來說，軟飯王製作便當的重點在於「不要讓便當看起來很精緻」。換句話說，就是讓女友貫徹「便當都是自己做的」這個人設。畢竟女友沒辦法在公司跟同事說「自己在養小白臉」。

所以什麼卡通造型便當之類的根本不在考慮範圍之內，刻意放點冷凍食品當作配菜，才能讓女友在職場貫徹——

「再忙也會騰出時間煮飯」

這個正面形象。

此外，為了避免女友攝取過多的碳水化合物，我都會想辦法利用玉子燒來減少白飯的空間。

在準備便當時，我會順便開始做早餐。每位女性愛吃的早餐類型都不太一樣，現在的女友喜歡吃麵包，所以我通常會準備三明治或是法式吐司。

雖然只準備甜麵包或是吐司也可以，但是女性的早晨可是很忙碌的，所以我通常會讓早餐看起來很精緻。趁著女友在化妝或是滑手機、瀏覽社群媒體的時間做好早餐與便當，強調自己是「多麼優秀的忠犬」，可說是軟飯王每天早上的功課。

「我早餐想吃家裡附近的超商賣的那個——」

當女友提出這般要求時，就是我的加分時刻。因為在我全力衝刺前往超商，再折返回家上供女友之後，很有可能會得到零用錢。

吃軟飯生活的精髓約半天的自由時間

送女友到公司或是車站附近之後，時間大概是早上八點半左右。之後要做的事情包含打掃、洗衣服、買食材、準備晚餐……但對象就只有一位女性，房間也不至於大到哪裡去，所以大部分的家事都可以在三小時之內完成。

吃軟飯生活的最大優勢，正是在女友回到家的晚上八點之前，大概會有半天左右的自由時間。即使少算一點，一天也至少會有九個小時的自由時間。有時我會利用這段時間去咖啡廳待著，或是去慢跑、運動一下，但我沒有必須在固定時間去固定地點的壓力。當我跟女友揮手說再見，看著她去上班的背影，心裡其實都是在想「今天要做些什麼呢？」，我認為這正是吃軟飯生活的絕妙之處。

對我來說，寫作是賺點零用錢的方法，而我有時候會為了寫作泡在咖啡廳一整天；有時候則會去慢跑，挑戰一下自己能跑到多遠的地方。

「回過神來才發現，一整天什麼也沒做」，像是這樣的日子也不足為奇。

迎接下班的女友

晚上八點左右，去女友的公司附近接她下班，然後聽她分享今天一整天發生了什麼事情。如果她今天被稱讚，就針對這點進一步吹捧；如果她今天被罵了的話，就說：

「這表示妳還有很多成長的機會呀！」

總之就是多跟她說正面的話，或是代替她罵公司、說些公司的壞話。

基本上，不管女友說什麼，我都一律肯定到底。我之所以總是順著女友，不想自以為是地說教，一方面是為了維持「好男友（軟飯王）」的人設，另一方面是我從來沒去公司上過一天班，所以根本也說不出什麼具體的建議。說得更直白一點，身為一個吃軟飯的傢伙，根本不在乎壓低身段，更沒有所謂身為男性的自尊可言。

我也很擅長猜出女友今天想吃什麼。我會根據「日式料理」或是「麵類」

這些不經意地出現在ＬＩＮＥ對話裡的關鍵字，來推測女友今天想吃什麼樣的菜色，讓她一回到家就能吃到想吃的食物。

這種時候通常也已經準備好明天的便當了，所以洗完碗之後，到睡覺之前也都是自由時間。

或許大家會覺得「既然每天有這麼多時間，應該可以做很多事情才對」，但如果我有這種明確的目標或是想法的話，根本就也不會當什麼軟飯王了吧。

3 為什麼能過這種吃軟飯的生活？「與眾不同」的戀愛型態

為什麼我能過上這種吃軟飯的生活呢？

儘管多年以來，我都是過著這種生活，但我可從來沒嘗過受歡迎的感覺。這個年頭，符合三高，也就是「高學歷、高身高、高收入」的男性才比較受歡迎。

話說回來，雖然我念的科系錄取門檻較低，但我好歹也是從早稻田大學畢業的。不過，這個學歷目前為止還沒實際派上用場。

身高即使稍微灌水，大概也只有163公分；至於收入更不用說，我的錢包現在攤開也只放了400日圓左右。

我從小就戴著眼鏡，念小學時還曾胖到80公斤。曾經因為個頭小、身材胖、戴眼鏡而沒有自信的我，算是具備所有會讓單身男性感到自卑的條件。

我長得當然也不帥，而且從以前到現在，整天都在打電動。像這樣細數自己的條件，的確會越想越難過。我可以說是不具任何受女性歡迎的條件，大家不妨把我想成與大眾印象中的小白臉截然不同的存在。

對象是誰都無所謂，究極的開悟型戀愛

所以我常常被問：「為什麼你（這種又矮又胖的傢伙）能吃軟飯？」

而我想說的是，我能敏銳地嗅出哪位女性「有可能會喜歡我」，然後只接近那位女性、討對方歡心，所以才能一直過著這種吃軟飯的生活。

看到這裡，或許有些人會冒出這般疑惑：

「所以不管是誰，只要是對你有好感的人就可以嗎？」

應該有不少人會想問這個問題吧！

從結論而言，確實只要對方願意喜歡我，不管對方的性別、國籍與年齡為何，我都有信心自己可以愛上對方。

若問我的擇偶條件，那就是：

「願意喜歡我，而且是自己獨居生活的人。」

相反地，我喜歡的女性反而不是我想要的戀愛對象。

首先要遇到一位喜歡我的人，然後為對方做任何事↓讓對方開始疼愛我↓為了回報對方，我再為她做任何事……在這樣的循環當中，漸漸地就會喜歡上對方。

當我發現上述這種關係「讓我打從心底感到自在」之後，我就已經成為不折不扣的軟飯王了。

「比起妳，我更喜歡我自己」

無論什麼時候，全世界我最喜歡、最疼愛的都會是我自己。

所以在寄生之前，我都會先告訴對方：

「比起妳，我更喜歡我自己。即使這樣，妳也願意接受我這個吃軟飯的，和我交往嗎？」

我當然知道這樣很自私。

不過，若是讓喜歡我的女性為我而付出過多的勞力和金錢，因此精疲力盡，就會變成表面上是我在寄生，但實質上卻讓對方變得太過執著或依賴的情況。

我實在不想讓喜歡我的人感到痛苦，所以我都會先問對方：

「我不僅是個吃軟飯的傢伙，還更喜歡自己，即使這樣也沒關係嗎？」

確定對方願意之後，我還會再補一句：

「所以妳也要最喜歡妳自己喔！」

如果不先建立這個前提，就讓對方飼養一個前景不明的軟飯王的話，我覺得對對方來說太不公平了。而且我也認為，如果只有我一個人開心，但對方並不樂在其中的話，吃軟飯的生活是不會順利的。

如果對方不開心，我就會立刻被趕出家門。所以為了能一直賴在對方家裡，我會想盡辦法讓雙方都過得開開心心，而這也是吃軟飯的大前提。

目標不是「可愛」的女孩子 而是「願意說我可愛」的女孩子

我都是觀察女性的哪個部分，找出對方有可能會喜歡我（飼養我）的呢？在此為大家介紹只有軟飯王才懂的判斷標準。

如果是男性讀者，了解女性會透過哪些方式具體表達自己的好感，絕對有益無害；如果是女性讀者，說不定就能藉此避開潛在地雷。

簡單來說，會喜歡我的人，就是願意對我說（或是覺得）「你好可愛！」的人。

判斷的標準就只有這個。

像是雜誌專欄那些過於繁瑣的評斷標準從來就不存在。

事實上，我們很難只憑「好酷」、「好厲害」這一兩句稱讚來判斷對方是否對自己有好感。若是只聽到這類話語，我會覺得沒什麼機會住進對方的家裡，所以對於一個吃軟飯的傢伙來說，這樣的稱讚是不可行的。

為什麼軟飯王會覺得願意稱讚自己「可愛」的女性是目標對象呢？

因為對女性來說，「好酷」這句話遠比「好可愛」來得不那麼重要，只是「脫口而出」，算不上由衷的讚美。

正確來說，有些女性就算覺得不怎麼樣，也會隨口稱讚對方「好酷」；但對於根本不可愛的人事物，卻很難稱讚可愛。

話又說回來，幾乎沒有男性會在被稱讚「好酷」的時候不開心。

因此有些女性只把這類讚美當成「場面話」，或是在你耍帥耍得不怎麼樣的時候，隨便敷衍一下。

所以我才覺得，只憑「好酷」這種稱讚，根本無法判斷對方是否真的對你有好感。

反觀「好可愛」這種稱讚，在任何年齡層的女性心目中都非常重要，如果不想親近你，絕對不會稱讚你很可愛。

我不敢說只要有人說你「好可愛」，就代表對方一定「喜歡你」，但至少對方在說這句話的時候，應該是不討厭你的。

此外，「好可愛」這句稱讚也帶有一點自己比對方稍微優越的語氣。

以貓咪為例，不管是長得很醜的貓，還是胖得很臃腫的貓都很可愛，所以可愛是無敵的。我常會不禁覺得貓咪是朝著讓人們覺得牠很可愛、讓人們想要飼養牠的方向在進化當中。

而且，貓咪的可愛之處可不只是外表而已。

正因為莫名地感受到對方比自己弱小，所以更會覺得對方很可愛。

貓咪知道，就算抓破了紙門，或是用牆壁磨指甲都沒關係，只要認真裝可愛就沒問題。

簡單來說，除了當女性稱讚我「好可愛」時，她很有可能不討厭我之外，我也成功地讓她覺得自己比我還要厲害。

只要對方「願意說我可愛」以及「覺得自己比我優秀」，對我這個吃軟飯的來說，就會認為有可能「趁虛而入」。當然，這招不是百發百中，但這樣的女性的確很有潛力成為我的飼主。

讓弱點成為一種「可愛」

所謂的可愛，絕對不只是在說外表而已。

雖然無法用一句話定義什麼叫做「可愛」，但大家不妨將「可愛」視為「好酷」的反義詞。因為「可愛」帶有一種對方地位較低的語氣，所以有時候連弱點都能成為一種「可愛」。

舉例來說，如果長得很胖，可以被形容成「圓滾滾的肚子很可愛」；長得很嬌小的話，也可以說是「像個吉祥物一樣很可愛」，對吧？

那麼話又說回來，讓弱點昇華成「可愛」的關鍵是什麼呢？

答案很簡單，就是「不要耍帥」。

重點在於呈現最原汁原味的自己，哪怕需要將自卑之處攤在陽光底下也無所謂。

比起在聊天的時候，硬要將話題帶到自己擅長的領域，再對女性發動猶如機關槍掃射般的聊天技巧，還不如直接跟對方說：

「沒有話題的話，我擔心氣氛會變得很尷尬，所以我們一起努力找些話題，避免陷入尷尬好嗎？」

雖然對方會覺得你有點傻，但比起耍帥或是裝酷，這樣更容易讓對方覺得你很容易親近。

至少不會因為這樣而被對方討厭，有些人還會因此覺得你很「可愛」。也不需要幽默感。

「我在女孩子面前就會緊張地連話都說不好。」

「我一看到對方的眼睛，就變得不會說話了。」

直接告訴對方你很緊張也沒關係，就讓自己看起來有點傻傻的吧。

展現真正的自我與看起來有點傻本來就是表裡如一的事，而這也是讓對方對你抱持好感的第一步。

就算沒有半毛錢
我的身價也不會下跌

耍帥或是裝酷都只是在強行拼湊本來就不存在的魅力，只能製造一瞬間的假象，讓你暫時展現出根本就不具備的長處。

偶爾會聽到有人說：「我覺得對方拼命耍帥的樣子很有魅力。」，但我認為，這句話的話中之意是──「我覺得對方拼命耍帥的樣子很有魅力（而且也很可愛）。」

此外，對我這個軟飯王而言，一旦對方曾經覺得我「很酷」，之後就會更難討對方歡心，所以絕對不能耍帥。

就像是前一週才在高級飯店共享精緻晚餐，下一週卻約在平價居酒屋喝發泡啤酒，這種反差絕對會讓人受不了。

如果手邊有花不完的錢，那當然另當別論；但只要曾用耍帥裝酷的方式搏得一時的好感，就很可能會錯過展現真正自我的機會。

從這點來看，從一開始就讓對方覺得自己比較優越、覺得你很「可愛」，就像是本來並不存在的股價一樣，是從負分開始計算的，只要稍微做出一些加分的行為，你的身價就只會一路飆升。

當然，也有些女性會在發現我這個男人「沒有任何值得依賴之處」時，立刻棄我而去。

不過，若是一味地要求自己戴上假面具，雙方的關係只會越來越緊繃，一點都不快樂。

而且不管怎麼耍帥，女性其實都能一眼看穿。與其為了自尊而擺出帥氣的假象，還不如從一開始就展現出最原始的自己，才能建立健康良好的關係。

所以我才會說，該尋找的不是「可愛的女孩子」，而是「願意稱讚你很可愛的女孩子」。

同居之後
要讓自己漸漸地喜歡上對方

我談戀愛的方式跟一般人恰恰相反。

大部分的人都是「先覺得對方很可愛，然後跟對方交往，過了一段時間之後再同居」，但我卻是「先讓對方覺得我很可愛，然後住進對方家裡，再想辦法建立良好的關係」。

我知道有些人會很排斥這種順序，也覺得利用對方喜歡自己的心態，搏取「棲身之處」這種物質上的滿足很不老實。

不過有件事要請大家明白，那就是：

「我會做家事，所以請給我地方住。」

我的吃軟飯生活是建立在這種純粹的施與受之下的。

一如前面那句「只要對方願意喜歡我，我就有能夠愛上對方的自信」。

我會在成為對方的小白臉之後，越來越喜歡對方。

話是這麼說，但我也知道「先同居再喜歡對方」這種順序的確很奇怪。

那麼，為什麼我總是敢說「我有信心愛上對方」呢？

在準備發展一段關係的時候，不是從「喜歡對方」這點，而是從「對方喜歡自己」開始的話，就等於少了「自己的心意」這個不可或缺的部分。

話說回來，我向來不相信自己的直覺，不相信所謂的「喜歡」。

我在乎的不是喜歡上誰，而是該如何與同居的人相處。對我來說，相處的過程才是重點。

「別把自己說得那麼了不起，只要能吃軟飯，對象是誰都無所謂吧？」

可能也會有人這樣反駁。

老實說，一開始的確是這樣沒錯。

不用付房租也能輕鬆過活，這的確是件再開心不過的事情。更何況我是個超級喜歡自己的人，再加上擇偶條件是那些喜歡我的人，所以只要能夠吃軟飯，我的確不在乎對方的長相、個性與年紀。

換言之，從過去到現在，我的吃軟飯生活的確都是抱著這樣的想法：

「這個人好像很不錯，總之先交往看看再說吧！」

然後直接住進對方的家裡。

不過事實正是，在我實際住進對方家裡之後，的確都越來越喜歡對方。

吃軟飯的關鍵是連續住很多天

只是在對方家裡過夜並不能算是吃軟飯，只是收到對方送的禮物也不算。雖然在與對方交往之前，我都會先問對方：「我是個吃軟飯的，妳確定妳可以接受嗎？」，但這畢竟只是口頭上的約定，不是什麼白紙黑字的契約。換言之，在吃軟飯與不是吃軟飯之間，並不存在明確的界線。

對我來說，「不用付房租，卻能一直住在對方家裡」才算是「吃軟飯」。這裡的關鍵字就是「一直住在對方家裡」。

能不能一直住下去，或者能不能拿到對方的家裡鑰匙，可說是吃軟飯的人必須克服的課題。

吃軟飯的人要能成為對方生活的一部分，讓對方回過神來才發現，你已經成為房間裡「不可或缺的部分」。不過，畢竟一樣米養百樣人，不同對象的生活型態也各有不同。

所以要想寄生在對方家中，就必須多方嘗試。

第一個手段是料理。

或許是因為我從高中就開始自己做便當，所以無論對方想吃什麼，我幾乎都能得心應手。

俗話說「要抓住男人的心，就要先抓住他的胃」，但其實這招在女人身上也管用，畢竟有些女性不愛煮飯，更沒有人喜歡收拾善後。

如果想要住進廚藝不佳的人的房子裡，不妨在第一天煮飯之後說：

「那明天換煮西式、中式或是日式料理給妳吃吧！（所以請讓我半永久地住下來）」

如果對方很會煮飯，則可以跟對方說：

「那明天換妳煮給我吃，我想吃吃看妳做的料理！（所以請讓我半永久地住下來）」

然後在收拾碗盤的時候，想辦法讓對方答應讓你繼續住下來，這就像是在替城池挖護城河一般，是一種為了一直住下去的事前準備。

回過神來才突然發現滿腦子想的都是對方

雖然這麼說有點不入流，不過在想辦法讓自己住下來之後，其實為對方著想的時間也會變多。

比方說，會開始思考三餐所攝取的熱量、食材有沒有人工添加物、對方喜歡什麼樣的菜色，或者今天要準備家常菜，還是「男子漢料理」這種平常不太會吃到的佳餚呢？

如果前一天吃過咖哩飯，隔天就要變化成咖哩燉飯或是咖哩烏龍麵。

如果是要連隔天的早餐菜色一起發想時，選擇不會一次用完的食材可能比較好。我會觀察對方的健康狀況，以及前一餐吃了什麼，來決定今天要變出什麼花樣。

與對方聊天，或是一起看電影、YouTube影片，也都能從中找到一些線索。

總之，為了能夠一直寄生下去，我會用盡全力尋找「最適當的料理」，讓自己能夠繼續住在對方家中。

好吃懶做的話，女方當然會覺得「房間裡面有個莫名其妙的寄生蟲」，因而感到不開心。

因此，我總是會讓對方在回過神來時，突然發現三餐都已經有人準備好了，而且還會不動聲色地洗好碗盤與收拾善後。

一旦對方發現，我連午餐的便當都幫她準備好了，就會覺得（誤會）「這傢伙難道是有益生物？」，而我也能如願地繼續吃軟飯。

在拿到備用鑰匙時，我的確會有種「太棒了，我找到新的住處了！」的感覺，但其實從這個時候開始，我就已經是滿腦子都只想著對方的狀態了。

雖然我是抱著「吃軟飯的生活好像還不錯」的心情在吃軟飯，但是要維持這樣的生活，就必須時時刻刻為對方著想。

這就是我敢說「不管對方是誰，我都有信心愛上對方」的原因。

到底是為了過這種生活才替對方著想，還是先替對方著想，才能過這種生活呢？我不想思考這種像是「先有雞，還是先有蛋？」的問題，反正到頭來，我這個吃軟飯的傢伙就是會全心全意地為對方著想。

話雖如此，每個人在談戀愛的時候，看重的事情都不一樣，每個人都可以根據不同的理由愛上任何人。

我不會否定那些只憑直覺愛上別人的人。

所以能不能請那些只憑直覺愛上別人的人，也允許「先同居再愛上對方」、「妳是怎樣的人，我就怎麼配合妳」這種將重點放在建立良好關係的交往方式存在呢？

創造男朋友以外的「附加價值」才能真正賴在對方家裡

除了料理之外，讓我能夠在交往對象更迭之後，依舊持續吃軟飯的關鍵，是我會依著對方逐步改變自己。

這種讓自己慢慢地融入對方的吃軟飯生活，說得好聽一點是「身段夠靈活」，說得難聽一點，就像是某種寄生的「孢子菌」。

我從來不覺得做家事很辛苦，也覺得做家事等於是在付房租，是我的吃軟飯生活的大前提。

不過，若只是希望有人幫忙做家事，其實可以請居家清潔公司幫忙就好；

如果只是不想做飯，現在也有許多餐廳提供外送服務，根本不需要另外養一隻吃軟飯的傢伙。

要讓獨自生活的女性願意從私人空間撥出足夠讓另一個人生存的範圍，並且讓他一直寄生下去，就得讓對方覺得（以為）養你很有價值。

至於該怎麼讓對方如此覺得（以為），不同對象有不同的方式。

依照屋主的習慣做家事

以大學時期的對象為例，由於對方是與自己同校的學妹，而且學校與租屋處的距離很近，所以自然而然就在對方家裡一直住下去了。

雖然這時候的我還不覺得自己是軟飯王，但卻已經開始培養超群的「觀察力」與「讀心術」，讓自己有機會繼續過著這樣的同居生活。

我也是在這時才發現，一旦住進對方家裡，不管彼此是否正在交往，對方都會因此減少獨處的時間，而我也會覺得很不好意思。

「至少要讓對方覺得讓我住下來很有價值。」

當我開始這麼想之後，便很執著於煮飯這件事，認為自己除了擔任對方的男朋友之外，還有「主廚」這個能為自己帶來附加價值的角色。

當時的我覺得，如果獨自生活的大學生會因為回到家時有人幫忙煮飯而感到開心，不僅我比較不會感到不好意思，對方也會覺得讓這樣的人住進家裡還不錯，願意讓他繼續住下去。

我很擅長從對方的隻字片語中，推測出她想吃的料理。我從某位不太愛說話的對象身上，學到了一些經驗。

比方說，某天晚上我問她：「晚餐想吃什麼？」，結果對方只回了一句「蔬菜」。

「蔬菜」……所以不是沙拉。

我之所以會如此解讀，是因為除了「蔬菜」之外，她之前還說過想吃「薩赫蛋糕」這種重口味的甜點。

而我就是從這個「薩赫蛋糕」找出了她的點餐邏輯。

①如果心裡已經有想吃的東西時，有可能會直接指定不是晚餐常見的菜色。

②對方說不在意熱量時，就是真的不在意熱量。

這麼看來，她口中的「蔬菜」，其實是「碳水化合物不多的料理」。她想吃的不是那些重口味的下飯料理，而是比較清淡的菜色。

如果準備的是「燉菜」這種可以攝取大量蔬菜的料理，並且另外準備麵包，讓她想吃多少就吃多少的話，她應該會很開心。

如果前一天才剛煮了西式餐點，那麼放了蘿蔔、蓮藕、魚板的關東煮也能減少碳水化合物的攝取量，說不定也能討她歡心。

如果是根本不想吃晚餐，想減少攝取的熱量，她應該會直接跟我說「不想吃晚餐」。

由此可知，她說想吃「蔬菜」的意思是──

「沒有特別想吃的菜色，也不想攝取過多熱量。不過，還是要吃晚餐。」

那麼就得準備一些有口感的食物。

燉菜鍋、關東煮這種可以將肉放在蔬菜底下的料理應該就是正確解答。

我當然也可以直接問對方想吃什麼。但是時間久了，對方也很難每次都給出明確的指示，會變得很麻煩。就算不用這種推理的方式找出對方想吃的東西，也可以在平日多觀察對方。比方說，「平常都買香草冰淇淋，最近卻改成熱量較低的雪酪」等等。如此一來，即使對方是比較文靜的類型，也能透過觀察，發覺她的心思。

除了料理之外，每個人的衛生習慣也都有所不同，我會依照對方的習慣來打掃家裡。

有些人即使看到窗戶霧霧的，或是浴室的鏡子出現斑點也無所謂；但也有些人是只要看到地板有點髒髒的就會感到煩躁。

除了基本的家事之外，只要用心清潔對方特別在意的部分，對方通常會感到喜出見外。但要注意的是，有些人會覺得由別人幫忙刷馬桶或是洗內衣褲很丟臉，所以也不是「什麼都幫對方做」就沒問題。

除了家事之外，這種全盤配合對方的心態也能避免吵架的時候越吵越凶。

比方說，有些人會在吵架的時候問：「到底是誰的問題比較大？講個百分比出來！」，因為她覺得找出問題才能儘速解決；有些人則會說：「我需要一點個人空間冷靜」。

也有些人會在生氣的時候說：「我要吃個冰淇淋再睡」，如果這是她平復情緒的方法，那麼我也會配合她。

對我來說，最重要的不是主張自己有多麼正確，而是不讓對方把我「趕出家門」。想要省下房租，就得「盡可能地與對方磨合，配合對方」。

效仿點頭玩偶肯定對方的一切

曾有一位女性是希望另一半能像個點頭玩偶一樣，當個模範聽眾，徹底肯定她的一切。

這位身為音樂家的女性很有自己的想法，很常為了社會大眾想聽的音樂與她想做的音樂相去甚遠而氣得牙癢癢的。她也對於該怎麼樣讓自己的興趣與工作有所區隔而感到非常苦惱，同時也很嫉妒年紀相仿，卻大受歡迎的藝術家們。

我不會任何樂器，對音樂也一知半解，所以無法給她任何建議。因此，我覺得我能做的，就是像個點頭玩偶般不斷地點頭，全盤肯定對方，而這正是她想從我身上得到的慰藉，也就是我的附加價值。

「傾聽」看似容易，但若是對對方不感興趣，或是並不尊重對方，其實就很難做到。

比方說，商量事情就是很簡單明瞭的例子。如果有人願意找你商量事情，我們通常都會因為被對方所信任而感到很開心，然後不自覺地想為對方舉出各式各樣的例子，或是給予建議。

就算你以為自己是為了對方著想而給出很多建議，但對方說不定只是希望你在聽他講完之後，肯定他的想法而已。

所以千萬不要說什麼「簡單來說」、「所以你想說的是」……這種擅自將對方的想法總結的話，因為這樣實在是很不解風情，尤其當對方說的是無法與別人分享的煩惱時更是如此。

就算對方老是抱怨一樣的事情，我也只會覺得「看來她真的很討厭這樣啊！」，然後不斷地點頭。

如果她能釐清思緒，自己找到出路，那當然是再好不過的事情。但是如果只要讓對方一直開開心心的，我就能「有地方住」的話，我絕對不會否定對方的任何想法，更不會給予任何建議。

雖然最後只在這位女性家中住了三個月，就因為我沒繳過半毛房租而被趕出門，而且我也沒有正式與這位女性音樂家開始交往。但正是這次的經驗，讓我發現即使不是男女朋友、沒有任何口頭承諾，實際上「無論兩人是什麼關係，其實根本就不重要」。

包辦對方不擅長的部分 成為「秘密武器」

對現在的女友來說，我既是男朋友，也是個吃軟飯的，但我覺得自己包辦了她不擅長的部分，成為她的「秘密武器」。

我的女友很不擅長做家事。如果被她聽到我這麼說，她很有可能會生氣地罵我，但她就是那種衣服一脫就丟在地上，或是吃完東西，盤子就直接放在桌上的人。

跟她一起去超市買東西時，她總是不看價錢，就把想吃的東西使勁塞進購物籃；去外面的餐廳吃飯時，她也只吃肉或是拉麵，要是她一個人生活的話，肯定無法好好照顧自己的健康。

就算她肚子痛，也只會躺在床上呻吟，不會自己買胃藥來吃。雖然她老是說：「我要是一個人住的話，我就會好好照顧自己。」，但是一邊做著家事，一邊聽到她這麼說的我，總覺得很像是忙著在玩某種「養成遊戲」。

不過，除了家事之外，她是那種不管在外面遇到多少不合理的事情，都會想辦法自己努力消化的人。所以由我這種生活過得很散漫的人來替她破口大罵，或是聽她抱怨，就是我的任務，而且我也是她拒絕應酬的大好藉口。

不擅長家事，卻很想在職場有所成就的她，除了很受公司同仁喜歡之外，在交友方面也廣受歡迎，且她自己也很希望能夠飛黃騰達。

由於我跟現在的女友剛好互補，而且我還能活用過去各種經驗，所以過得很快樂。

更重要的是，她也十分認同我這種軟飯王的生活方式，還說這是「新時代的生存之道」。

雖然我幫她做了她不擅長的家事，但是她也幫我做了我不擅長的事，就是「從外面賺錢回來」。她還會幫我辯護「吃軟飯」這種像是弱勢族群才會選擇的生活方式，而這或許就是她所為我扮演的角色。

Chapter

2

成為軟飯王的
三個理由

4 就算是軟飯王也曾有段輝煌的戀愛史

為什麼我會過著這種吃軟飯的生活呢？

或許聽起來像是廢話，但對大部分的人來說，軟飯王就像是虛擬生物。縱使曾在漫畫或連續劇這類刻意編寫的劇本裡看過這號人物，但應該很少人有吃軟飯的朋友才對。由於很少人會公開說自己是吃軟飯的，所以也很難在現實生活中遇見吃軟飯的人。

我被不少人問過「你為什麼會變成吃軟飯的傢伙？」，有些人是基於好奇，有些人則是一副準備要說教的樣子。但老實說，就連我自己也不知道為什麼。

我當然不是從小就立志要成為軟飯王，也從來沒想過「吃軟飯的話就能輕鬆地過活耶！」。

不過，在仔細回想之後我才發現，當我不斷地逃避人生中那些「討人厭的課題」，最終便停留在這個名為吃軟飯的港口了。我覺得這樣的說法應該還算貼切。

讓整個世界瞬間崩塌的暗戀與大失戀

讓我變成軟飯王的原因之一，就是我打從心底覺得戀愛令人煩躁。

我曾在國中到大學這段期間，非常喜歡某位女生。由於在七年之內，我們總共分分合合了七次，所以姑且叫她「七子」吧。

回想起來，我對七子算是一廂情願。而且我知道，我跟她絕對不可能順利地在一起。

為了讓她注意到我，我除了謊報年齡之外，還用打工賺來的錢，買了超乎當時年齡所能負擔的禮物；我也曾經被她半夜叫出門，騎著腳踏車去找她，結果又被她趕回去，推著半路爆胎的腳踏車走了二十公里的路回家。

不管由誰來看，恐怕都會跟我說「你差不多該放棄了吧」，但是七子就是很懂得利用我心中這份難以撼動的愛慕，也讓我對她越陷越深。

她「知道」我喜歡她，卻還在與我來往的七年之內，不斷地與其他各種男性交往，且只要跟當時的男朋友處不好時，她都會來找我訴苦。

簡單來說，我就是她那「呼之即來，揮之即去」的工具人。

如果是現在，我肯定會說：「別把我當笨蛋！就算同樣都是男人，我這個放學後就回家，從不參與社團的人，怎麼可能知道橄欖球社團的人在想什麼？」，但當時的我就像是個沙包一樣，希望能作為替身聽她訴苦。

我很想讓她知道，「只有能讓妳這樣訴苦的我，最懂得替妳著想」。

雖然聽到她跟我的同學交往，或是聽她說些在性關係上的煩惱時，我總是感到很挫折，但我卻催眠自己，「越是受傷，越代表自己有多麼喜歡七子」，自我陶醉在這樣癡情的自己當中。

某次去澀谷的百貨公司逛街時，她突然對我說：「既然我們是情侶，我想要買個對戒。」，這個對戒要價九萬日圓，為了買下它，我記得當時的我抖著手寫下了信用卡的申請書。

比我早一步出社會，年紀稍長的七子曾跟我說：「我在這裡沒有認識的人，也沒有能傾訴的對象，所以我希望你能來陪我。」，而我立刻坐上從東京出發的夜間巴士，花費九小時抵達廣島縣，在她住的大樓走廊睡了一覺。

總之，當時的我覺得，只要接受她所有不合理的要求，總有一天自己的單戀就能夠開花結果，甚至對此深信不疑。

「驀然回首，最重要的人原來就在身邊。」

我總是利用這類流行歌曲的歌詞或是純情戀愛故事來安慰自己，即使每次都是在她失戀之後，才能與她交往。

「果然對我最好的還是你……」

每次都是這樣回到我身邊。

「只有我能接受這麼任性的女友。」

在過去那段七年的歲月裡，我甚至湧現出了這種莫名的自信。

不想承認「不再執著的自己」

為這段過於盲目的戀愛劃下休止符的，是某天七子打來的一通電話。

還記得當時她才剛進入公司第一年，正被社會的現實與殘酷蹂躪，所以很常打電話給我，抱怨公司的大小事情。而我也因此感到被需要，覺得自己很有存在價值，總是想透過不同的方式鼓勵她。但是她卻跟我說……

「我根本不想提起工作，你為什麼總是要跟我聊些公司的事情？」

「你為什麼要聊這種我再也回不去的學校生活的話題？」

當時的我，實在不知道該回些什麼。於是她又跟我說：

「為什麼一句話也不說？既然你是我的男朋友，就該說些什麼吧？」

在這一連串的責問之下，我已經什麼話都擠不出口，只能不斷地哭泣。

當時的我喜歡她喜歡了好久，所以也固執地不願意撤退。雖然現在的我可以冷靜地分析當時的情況，但當時的我或許是不願意承認自己如此固執。不過，她的這句話完全摧毀了我所相信的事情，也讓我不再願意單方面忍耐。

其實我知道自己被她耍得團團轉，也早就知道自己跟她不會有什麼好結果，但我還是因為害怕這七年來的單相思化為虛無，所以不願意認同那個「不再喜歡七子的自己」。

當我總算清醒過來，知道自己無論再怎麼迎合她，也不可能與她好好地交往下去之後，我便在那通電話中主動提出分手，親手為這七次的分分合合劃下句點。

「學長，那是道德騷擾喔」

讓我知道心中那股來自戀愛的「煩躁」，其實是「道德騷擾」的人，正是我的大學學妹。

有一位能夠商量的對象當然很好，但有個人能讓我毫不忌諱地吐露出那些有點慘不忍睹的暗戀故事更棒。這種「輕鬆的關係」對我來說很新鮮，但也很受衝擊。

我雖然很喜歡七子，但卻因此沒有片刻喘息的機會，害怕自己被她討厭、擔心自己的存在遭到否定，所以總是過度在意她的一舉一動，小心翼翼地面對她。

就算試著回想七子曾帶給我哪些溫柔，也只能想到「她曾經幫我把衣服的拉鏈拉好」這種微不足道的小事。

能夠放輕鬆地與女性聊天是件快樂的事，不用再強迫自己看那些不感興趣的連續劇，也不用為了買昂貴的禮物而辦根本不需要的信用卡。

或許是過去太過犧牲自己，我徹底地成為了這種「輕鬆的關係」的俘虜，在與七子分手後，回過神來，才發現自己已經住進那位學妹的家裡了。

已經不想再一直勉強自己

這段長達七年的暗戀與失戀讓我明白，單相思這種關係一點都不健康。

「只要努力，對方一定能明白我的心意。總有一天，我們會成為人人欽羨的一對佳偶。」，我所信仰的戀愛神話在此時徹底破滅。

現在回想起來，當時的我相信自己能夠「滴水穿石」，也相信「只要一直愛著對方，總有一天對方也會接受自己」這種由連續劇塑造出的戀愛情節，甚至想要強制把七子拉進這種世界觀裡頭。

當時的我沉醉於那個對她很癡情、很專一的自己，一點都不願意承認自己已經到了近乎固執的地步。

或許對七子來說，「男性本來就該為了引起女性的興趣而努力」。由於我們彼此都一廂情願地將自己的理想套在對方身上，所以才會從一開始就那麼不順利吧。

我無意否定「無止盡的單相思」，也不是想要推翻「執著也是一種愛」的戀愛觀。

不過，我再也不想「不惜耗費大量金錢與時間，搞到自己身心俱疲，也要讓單相思開花結果」。

5 某天得到上天的啟示放棄成為社會人士

除了前面慘痛的戀愛教訓之外，還有一個讓我踏上吃軟飯生活的關鍵，那就是「麻煩事」。

其實這也沒有什麼明確的因素存在，只是我從小就很討厭「必須在同一個時間點去同一個地方」的事情。

雖然我從來沒在公司上過班，但也不是完全沒有工作過。我現在算是個寫手，也曾經當過寫電視節目腳本的實習生。

電視節目的腳本家每週必須針對某檔節目展開一次會議，但是就連一週只開這麼一次的會議都讓我覺得「很煩躁」。

這種一週只開一次、每次大概只需要2～3小時的會議本身並不是讓我感到煩躁的根源。

真正令我感到厭煩的是，「開完會後，立刻又要開始約定下次的會議時間」這件事。每當接近開會時間時，我都會覺得「為什麼沒有心理補償費這種東西？」，彌補我的內心在這段時間裡感受到的不自由，然後越想內心越沉重。

真正折磨我的不是開會的那兩、三個小時，而是等待下次會議到來的期間；換言之，每次開完會後，我都要再被整整折磨一週。

在這一週之內，因為有著一定要在某個時間點去某個地點的約定，所以不可能出國長時間旅行。

我沒有用不完的金錢，所以也不太可能常常出國玩。但我總覺得自己在這一週裡被釘在原地，能做的事情變得很少，讓我很有壓力。

這樣的我當然沒辦法在公司上班，也覺得自己就算運氣好，能被公司錄用，大概也撐不過兩天。

企業應該也不想雇用我這種「連社會人士的基本常識都沒有」的人吧！

仔細想想，從幼兒園到大學，我從來沒有好好地上過學。

比方說高中時，我從早自習到回家前的最後一堂課，從頭到尾都待在學校的天數只有六天，大學甚至是念了七年才畢業。

到目前為止，我打過大約三十種的工，但每次都做不久。我在牛排店、居酒屋、速食店這類餐飲業打過工，也曾經做過交通量調查員，每天認真地按著計數錶；我也曾在夏天的時候，早上先去打掃大眾浴場，再去工地把黏在鋼筋上面的水泥一個一個敲下來。

我曾經去東北地區測量樹木的高度，也曾一邊想著「這種工作為什麼可以賺到錢」，一邊穿著長靴巡視獸徑。

雖然這些工作的內容聽起來都很有趣，但最終我都是因為討厭必須在同一個時間點去同一個地方而辭職。

不想被強迫做「有義務感的事情」

為什麼大家都能「在同個時間點去同個地方」，我就不行呢？

我無意現在才追究幼時的教育環境，但我從小時候上補習班時開始，就很排斥在同個時間點去同個地方這種「理所當然」的例行公事。

我的母親是個非常在意教育的人，從我兩歲開始，她就帶我去「公文式」這間日本大型補習班上課。

在正式進入補習班之前，要先寫一張考卷：

題目：請從A點畫一條線到B點

我算是喜歡畫畫的小孩，對紙和筆也不陌生。但當時的我覺得這個要求實在很無聊。

或許是我比較早熟吧。除了覺得這張考卷給人一種「不得不寫的壓迫感」

之外，也覺得「一旦在這張考卷上畫了線，之後就會一直收到這種考卷」。

我還記得我當場哭了出來，不過當時的我才兩歲，所以補習班老師跟我媽媽說：「不妨尊重您的小孩吧！這種質疑考卷的態度或許大有可為，讓我們試著相信您的兒子吧！」，結果，我便開始去公文式這間補習班上課了。

我並不討厭這個補習班的課程，也很喜歡被稱讚，所以算數、國語和漢字都學得不錯。

神明大人告訴我「你沒辦法當上班族」

我記得我在四歲的時候遇到了某個人生轉機。當我從補習班回家時，突然像是得到上天的啟示般，知道自己「不適合當上班族」。

早熟的我很早就知道大人過著每個星期一到星期五，天天都必須在相同的時間去相同地點的生活，也越來越害怕這種每天千篇一律的未來。

被迫在每個星期一與星期三去補習班上課，以及在兩歲時的入學考試所感受到的「義務感」都讓我很是排斥。

漸漸地，我滿腦子只想著逃離這種「義務」。也是從這個時候開始，我非常排斥那些「不是出自自身意願，卻又不得不做的事情」。

由於去幼兒園是由娃娃車負責來家裡接送，所以沒辦法曠課，但我記得自己從來沒參加過任何團體遊戲。

而且我也記得自己覺得身邊的小朋友「毫無疑問地照著老師的指令，做出一樣的動作」這件事很詭異，甚至記得自己曾經躲起來，偷看教室裡那些被迫參加遊戲的小朋友。不過，我念小學、國中與高中的時候，對學校生活並沒有什麼不滿。

請立刻把我趕出去！

被迫學習各種才藝的我，總是不斷地在判斷這些才藝是「要繼續學」還是「應該放棄」。

記得某次被迫參與每週都要花很多時間練習的童子軍，結果我以「不想穿這種衣服」而拒絕出席；我也曾經找了個藉口，說「英語教室有鬼，我不敢去！」而不去上英語課。總而言之，我總是能以不同的方式，拒絕學習各種才藝。

其中一個讓我再三逃避的才藝是劍道。

每個星期天早上六點都得去道場，花兩個小時坐禪之後，再花一個小時打掃道場，然後開始練習，直到中午結束……

這間用意在於鍛練小孩子意志力的劍道道場，是由一位真心希望小孩能夠順利成長的教練所經營的，但我怎麼可能承受得了那麼辛苦的事情。

所以我連藉口都不想編，直接跟媽媽說「太累了！我受不了！我不要去！」，沒想到媽媽跟我說，「如果你想要放棄的話，就自己去跟教練說，這樣才符合武

士精神。」

媽媽完全不打算接受我的想法，而我也越來越不想靠近那個道場。

作為苦肉計，我寫了一封說明自己為什麼想放棄劍道的信，還將信夾在道場的窗戶縫隙。

如果內容寫得模稜兩可，有可能會被大罵「太散漫！」而被帶回道場，所以我記得我直接了當地寫道，「我完全不想練劍道，也沒有持續練劍道的意志力與體力，真的是非常抱歉」。

「請放棄我！」這個要求似乎讓教練很受傷，所以教練沒打半通電話到家裡，就直接放棄了我，我也成功達成了願望。

「一直逃避的話，會成為沒用的大人喔。明明就連比你小的小孩也那麼努力……」，母親曾這樣念我（雖然事實上也真的成為了沒用的大人），但我

從來沒有放棄游泳、畫畫這類我喜歡的才藝。

對我來說，比起一直做那些討厭的事情，學習那些我喜歡的才藝，以及與朋友出去玩更重要。

升上國高中之後，我也沒有「燃燒青春、揮霍青春」的經驗；在準備大學考試時，我原本是想念美術大學或是藝術大學的，但是這些學校的術科要考素描，而我知道自己不可能每天練習素描，所以便放棄了。

母親告訴我，「如果念早稻田或是更好的大學，我就幫你付學費。」，所以為了得到「由你玩四年」這段自由的大學時光，加上當時的我認為這是最輕鬆的選擇，我便考進了大學。我記得我一整年只去了兩次那間我怎樣也無法融入環境的補習班，上大學之後，也因為不想花四個小時往返所澤校區，所以很快就放棄去上學這件事了。

大學畢業之後，我也繼續吃軟飯。偶爾會去放送作家事務所做些調查研究，或是幫綜藝節目出一些簡單的謎語、去一趟活動現場，但每次參加電視節目的會議時，我都會因為無法忍耐那股上對下的階級壓力，最後放棄去事務所。（大致上都會有幾十個人一起開會，其中包含電視台工作人員、製作公司以及編制外的放送作家。由於人數實在太多，其實根本搞不清楚誰的職等比較高，但整個會議就是在畏懼「高層」的情況下進行）

「再這樣下去就完蛋了」我的覺醒時刻至今尚未到來

照理來說，這種生活過久了，總會在某個時間點突然覺得「再這樣下去會完蛋」才對，我也覺得總有一天會出現這個想法。

不過，就算身邊有許多熱衷參與社團的同學，也有不少同學已經在找工作，但是我對於繼續放空與發呆這件事可說是意志相當堅定，也不覺得逃避那些該做的事情有什麼問題。

更何況，我從來沒想過「再這樣下去會完蛋」這種事，所以也沒為未來擬定任何計畫。「只要能以自己的方式找到快樂就好」，自從萌生這樣的念頭之後，我便將自己做家事的能力付出在需要的人身上，藉此找到棲身之處。反正對我來說，做家事沒什麼壓力。

我是在別人跟我說之後，才知道這種生活方式其實就是「吃軟飯」。

我不僅違背了媽媽的教育初衷，也逃離了「聽媽媽的話，好好讀書、念好大學、進大公司」這種媽媽為我塑造的「理想未來」，這或許也是一種逃避現實吧。

不過，如果大學畢業之後，還一直待在老家，又不去上班，我媽應該會每天拿一堆就職資訊給我。所以若是一直當個家裡蹲，應該會很有壓力。

這股「害怕」的壓力成為一股動力，讓我放棄「蹲在家裡，足不出門」的

6 足以成為軟飯王的輕浮態度

當我的吃軟飯生活登上Yahoo!新聞的版面時，有人在底下留言：

「這種生活只是一時的啦！」

不過，我並沒有因為這類評論而反省自己，反而只注意到像是這種留言：

「如果是這種吃軟飯的，我也想養看看（900個讚）」

當時的我只想到，「原來有將近一千人想要養我啊！如果連那些沒看過這則新聞的人都計算在內，不就代表有著數不勝數的潛在飼主了嗎？」

換句話說，正是因為我無法適應社會，所以才將注意力放在眼前的快樂，選擇輕鬆的生活方式。

「當然也可以有這種男主內、女主外的生活方式！」

我知道有些人會肯定這種生活方式（雖然別人要怎麼看我，我根本無所謂），但我從來沒想過這是件高尚的事，也不覺得自己正走在時代的尖端。

我沒有能讓別人接納與理解自己的理由。

我只是因為「感覺很輕鬆、好像很開心」這類理由而過著這種生活。

吃軟飯是不用去上班也沒問題的生活方式，所以不是一種職業，更不存在所謂的工作手冊，許多人也不知道該怎麼做，才能成為軟飯王。

我會視情況捏造不去公司上班的理由，也覺得能透過做家事存活下去（雖然很不穩定）的生活很有趣，甚至覺得這樣的自己很厲害，這種不合常理的生活方式讓我「擁有美好的人生」，更因此感到滿足。

我覺得以自己擅長的家事代替房租，並在做完家事之後的空檔打打電動，然後寫寫有關電動的文章、賺點零用錢算是一種小聰明，我甚至想每天稱讚自己「做得真好！我今天又狡猾地過完一天了呢！」。

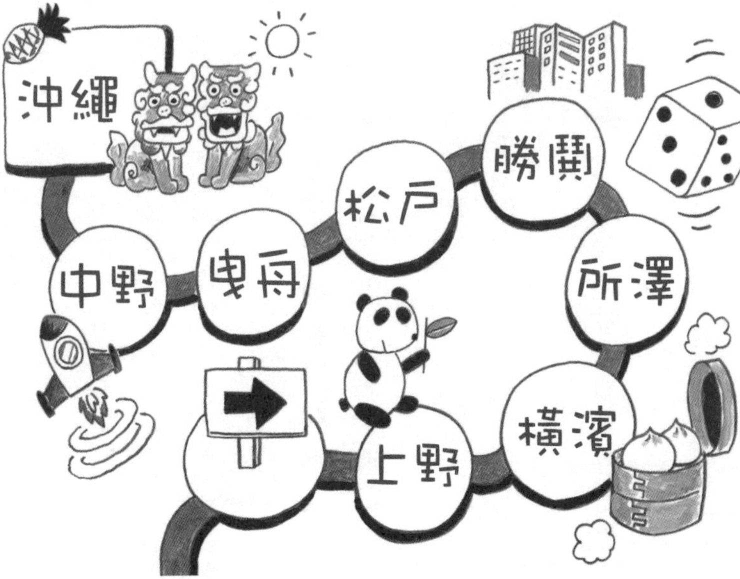

選擇住處就像是在玩扭蛋

對我來說，住進不同女性的家、在不同地區居住，也是吃軟飯生活的魅力之一。

現任飼主的居住地點——沖繩，就是最佳範例。在此之前，我曾住過上野、橫濱、所澤、勝鬨、松戶、曳舟、中野……等地方，有很破爛的小公寓，也有打開窗簾，晴空塔就近在眼前的高級摩天大廈。

軟飯王是無法自己選擇居住地的，不過我覺得這種像在轉扭蛋的隨機性很刺激。

攤開電車的路線圖就會發現，有許多車站雖然聽過名字，卻從來沒有在那些地方下過車。

只要我一直過著吃軟飯的生活，我便有許多機會因為跟不同的女性住在不同的地區，而讓那些從未駐足的車站變成「最接近住處的車站」。

而且我也沒有「討厭破爛的公寓！喜歡摩天大廈！」這種想法。

待辦事項最多排到兩天後再更之後的就是「死亡」

或許這種生活無法一直延續下去。

不過，做事沒有任何計畫可言的我，當然也沒有所謂的人生規劃。

到目前為止，我都是以一種「待辦事項最多排到兩天後」的感覺活著，如果問我兩天之後還有什麼事情等著發生……大概只剩總有一天會到來的「死亡」而已吧。

對於沒有待辦事項、沒有目標，只想靠著吃軟飯活下去的我來說，行事曆裡大概只有下次哪天要煮咖哩，以及稿子要在今天或是明天交出去而已，剩下的就是總有一天會到來的「死亡」。我能掌握的未來僅限如此。

我常說「人生要不留遺憾地走完」，而我也真的這麼認為。

但是，若要從正面解釋這句話，就得自行判斷：

「該怎麼做才能過著毫無遺憾的人生呢？」

我覺得用自己的角度來解釋這句話非常重要。

對我來說，如果能在體驗各式各樣的事情的同時，逃避那些非做不可的煩雜事的話，我想，我到死之前都不會感到後悔吧！

Chapter

3

軟飯王眼中的戀愛與男女之間的曖昧

7 在軟飯王提供戀愛相關建議之前

我雖然是個男人，但從來不請客，取而代之的是，透過做家事的方式來服侍對方。或許是因為我總是談這種關係微妙的戀愛，所以我身邊的人時常半開玩笑地說我「不被一般的戀愛觀束縛」。過去也有許多人希望我給一些戀愛方面的建議，甚至有「疏遠到不行的陌生人」跑來尋求意見。

這麼問或許有些唐突，但是一般的交往關係到底長什麼樣子？

常言道，戀愛沒有固定的型態，也沒有明確的定義。不過，大部分的人卻都會認為，「兩個人一起過聖誕節」或是「在某些特殊的紀念日裡送對方昂貴的禮物，以表達自己的心意」就是所謂的戀愛。

即使是這種看似只要兩個人覺得在交往就算是「在交往」的關係，也會因為沒能得到社會的認同而無法算是交往。

就算兩人的交往關係無法公諸於世，卻還是毅然決然地選擇「在一起」，難道不就只是因為擔心其他人的介入，覺得「既然我們已經交往了，誰都不能劈腿」嗎？

根深蒂固地執著於理想中的戀愛

男孩子會因為「聖誕節要到了，所以打算帶女孩子去高級的渡假村」。女孩子也會覺得「在聖誕節做一些特別的事情很正常，所以會跟男孩子去渡假村」。

不過，男孩子也可能覺得「就算是聖誕節，也不一定要做什麼特別的事情」，不想因為聖誕節的氣氛而做一些其實根本不想做的事情。

當然，女孩子也有可能認為「與其去什麼渡假村，還不如待在家裡看聖誕節的特別節目」，說不定甚至會想，「我還寧可趁著聖誕節去打工，領比較高的時薪」。

雖然不是每個人在聖誕節約會的時候都會這麼想，不過，

「身為男朋友，就得花點錢，顧及男人的顏面。」

「因為身邊的朋友都這麼做。而且不帶女朋友去一些特別的地方的話，很可能會被朋友瞧不起。」

彼此可能會在不知道彼此真正的想法之下，去了兩個人都沒有很想去的高級渡假村。

這不是男女互看彼此臉色的結果，而是太過在意整個社會與旁人的想法所造成的。

我覺得熱門的主題樂園也是值得一提的範例。

雖然有點偏離話題，不過我總覺得，一旦成為情侶，就會收到一張「情侶必做事項」的清單，其中可能包含「牽手」、「看電影」，以及「去熱門的主題樂園」這種任務。

「因為是情侶，所以就得去一趟必去的主題樂園。」

如果只是為了在情侶必做事項上打個勾而去約會，那麼雙方有可能都會覺得這次的約會一點都不有趣。明明是為了對方著想才這麼做，但是注意力卻未完全放在眼前的對象身上，所以當某些意料之外的事情發生時，兩人就很有可能會將怒氣發洩在身邊的對象身上。

「（我也沒有特別想來，但是他一副期待的樣子，就只好陪他一起）沒想到要等這麼久，腳好瘦啊！」

「明明是我花大錢帶她來主題樂園的……（結果她居然一直抱怨很累）」

除了去主題樂園約會之外，穿情侶裝、一放假就見面，這些用來證明彼此的關係很親密的必做事項可說是多不勝數。（明明就算完成了這些必做事項清單，也不代表兩人就會更加親密）

理想中的情侶與不符期望的情侶

更麻煩的是，不知道是不是因為「交往」這件事會一直被其他人所觀察，所以也常常遭到「評價」。

既然有「理想中的情侶」這種說法，當然也有「不符期望的情侶」存在。

我始終相信，每個人都能隨心所欲地建構一套專屬自己的人際關係。

不過我總是覺得，所謂的「交往」似乎存在一定的準則，也覺得被要求成為理想中的情侶很麻煩。

到底在我們的刻板印象裡，「理想中的情侶」是什麼樣的關係？

至少不會只是關心對方、支持對方這類精神層面的往來而已。

如果媒體要塑造所謂的「理想中的情侶」，除了會找來俊男美女之外，還會安排兩人在假日時，開著豪華汽車去高級餐廳。

由此可知，所謂的「理想情侶」不只是以兩人感情是否融洽作為依據，還會以長相的美醜或是財力的高低來評斷。

當然，即使很在意他人眼光，也不代表就不關心身邊的對象。

不過，若是太過在意他人的看法，就會忍不住開始進行攀比。比方說，很有可能會把「我的男朋友年收入有五十三億日圓！」、「我的女朋友在當模特兒，也曾拿過校園選美冠軍。」這些炫耀的話語掛在嘴邊。

一旦這麼做，就會不自覺地將注意力從眼前的對象，轉而放在他人的看法之上。

說得更精準一點，有些人會因為，

「本大爺可是正在跟大美女交往呢！」

「人家可是正在跟貿易公司龍頭的商界人士交往呀！」

而感到自豪，也會因此得到許多旁人稱羨的目光。但這麼一來，就有可能只注意到他人眼中的自己。

雖然前面提到了高級渡假村或是豪華汽車等等舉例，但我不覺得那是窮酸的軟飯王的偏見。當然，我也無意否定一般人心目中的「情侶關係」，更不想否定所謂「理想中的情侶」。

兩個人交往不可能完全不談所謂的社經地位。不管是誰，都無法完全擺脫所謂的交往流程或是既定印象中的交往關係。

不過，要是過於相信朋友或是媒體所塑造的「理想情侶範本」，就會因為過度在意別人的看法，而無法建立彼此都覺得舒服的關係。我有時候會覺得，「這樣好像是百害而無一利吧？」。

存在於日本流行音樂中的戀愛觀

人與人之間有著各式各樣的關係存在，但是為什麼，只有戀愛必須符合社會大眾心目中的「範本」呢？

比方說，日本流行歌曲的歌詞或是民間故事都形塑了理想的愛情模樣。

戀愛是一對一的關係，與友情或是職場人際關係完全不同，所以總會讓人擔心：

「若是沒人喜歡自己的話就糟了。」

考試的話，會有很多人陪你一起落榜，但是失戀的話，就只能由自己獨自承受悲傷。

話說回來，也只有戀愛這件事能夠測量單一個體的雄性或是雌性魅力，而這也是最原始的方法。

「我很喜歡你，但沒辦法把你當成情人看待。」

想必大家都聽過類似的說法。當我們的性別魅力受到這類型的考驗時，會覺得自己似乎比別人遜色。而且比起被對方討厭，更害怕自己的存在因此被全盤否定。

在摸索各種戀愛的形式之前，「永誌不渝」、「傾心盡力」這類既有的價值觀往往會是進一步探討兩人關係的大前提。

如此一來，除了會覺得必須一邊配合對方，一邊建立彼此之間的關係之外，也會覺得與其自己胡亂嘗試，不如依照聽過的成功範例去做，不僅成功的機率比較高，也比較像是正面迎戰。由於用自己的方法很有可能會被對方拒絕，所以需要具備相當的勇氣才能一試再試。（在還不太了解對方的階段，或是剛開始交往的時候，更是需要具備百折不撓的勇氣）

所以我總是無法確定戀愛究竟該是何種模樣。

因為作為指引的「理想中的戀愛模樣」本就過於模糊。

從古希臘神話的時代開始，就有許多人為了戀愛爭吵或是煩惱，但仔細想想，都已經過了這麼久，人類居然還在為了相同的事情糾結，實在有夠奇怪。為了解決每個人都有的這項痛苦，似乎是時候好好分析戀愛這件事了。

「紅線」、「真命天子（女）」這種字眼也讓我很介意。在公司或是學校遇到好前輩，或許會說是種「緣份」，但不會說成「真命天子（女）」吧！

在各式各樣的人際關係之中，戀愛這種關係往往被另眼看待，而且還存在著深不可測的「神祕性」。

到底為什麼，一直沒人解析戀愛這件事？又是為什麼，戀愛得這麼神神祕祕的呢？

其實答案很簡單，因為人們希望戀愛保持神祕感，覺得這樣的戀愛才有價值可言。

戀愛必須保持神祕的理由……

男女之所以相依相偎，除了延續物種這個理由，還有就是因為我們的大腦被植入了超乎動物需求的繁殖本能。

人類有著所謂的理性、規矩，也會因為感到害臊而穿上衣服。我們的社會正是奠基於這些理想、規矩與羞恥的概念運作，如果突然想要「繁殖」，一定會觸犯某些法律。

我過去曾在課堂上學過，日本平安時代的貴族會用「以和歌回覆和歌」的方式來傳達心意。

雖然繁殖這件事在不同的時代有不同的形式，但從那個兩人因為「直接說

出心意的話，一切就有可能都結束了」這個理由，而將戀愛分成好幾個階段，慢慢接近彼此的時代背景來看，「以和歌回覆和歌」可說是必經流程吧。

理想的戀愛範本之所以量產，或許是想讓「隨口說出心意，一切就結束了」這件事變得更詩情畫意。

不過，若是過度吹捧這種戀愛範本，就會變成為了戀愛一直煩惱。

如果分別閱讀少男和少女的戀愛漫畫，也會發現男女想從戀愛得到的東西，或是對於戀愛的想像截然不同。

男性是視覺動物，所以少男戀愛漫畫往往是以「巨乳」為訴求；而女性相對重視戀愛過程，所以少女戀愛漫畫通常會是「女主角被平常很囂張、讓人嗤之以鼻的傢伙『壁咚』之後，漸漸地愛上對方」這種情節。

大部分的女性在看到以男性為受眾的漫畫時，肯定會覺得「現實世界裡，有哪個女的會長這樣？」，反之亦然。創作與現實當然不能相提並論。

不過，真正棘手的不是將虛構的故事與現實混為一談這點。

男女在談戀愛的時候，必須使用「彼此共通的語言」才能傳遞情意。

我認為這才是問題所在。

互為「夥伴」的另一半

一旦分析過男女雙方取向完全不同的戀愛觀之後，就會發現兩者之間的不協調與摩擦。

不過，在談戀愛的時候，必須刻意突顯男女戀愛觀之中的優點，不能總是把話說得太過直接了當、太過清楚明白。

換言之，戀愛一定要保持神祕，一定要維持曖昧。

透過共通語言建立的愛情本來就不會一直探討男女戀愛觀的核心。說得更正確一點，只有不斷強化神祕感，戀愛關係才得以成立。

「男主外，女主內」、「是個男人就該保護女性」、「女性很柔弱，所以需要男性來保護」……諸如此類的戀愛刻板印象或是職務分配準則也是明治時代遺留至今的家庭模式（一切由父親作主的「家父長制度」）。如果再往更早之前的時代回溯的話，戀愛的基準或是理想的樣貌說不定會與現今大不相同。

這麼看來，現代人對於戀愛的想像或是煩惱，其實從很久以前就深植人心。到底戀愛的標準是什麼？到底是因為誰而煩惱？……這些都是有待解答的謎團。

8 軟飯王所能提供的戀愛建議

給予戀愛建議就像是進入一間充滿煩惱陰霾、黑漆漆的房間後，打開電燈、讓空氣開始循環的感覺。

許多戀愛既盲目又主觀，而我只是想給予「吃軟飯的人是這麼認為的喔！」這類建議。

Q. 男女朋友之間的「溫差」

最初是我對他一見鍾情，鼓起勇氣跟他告白後，我們就在一起了。不過，我們雖然在交往，但每次都是我主動傳訊息給他，他也從來沒有安排過任何一次約會，更讓人生氣的是，明明我先跟他約好了，他還是常說「朋友也很重要」，然後跑去跟朋友喝酒；也會跟其他女性交換聯絡方式。每當我向他抱怨這些事情時，他都會說：「我們都在一起了，應該互相信任吧？」，但每當我回想起他的一言一行時，總會忍不住問自己：「我們真的在交往嗎？」、「他真的喜歡我嗎？」，覺得我們之間的「溫差」很明顯。我該怎麼做才能減少這種溫差，讓他主動一點呢？（20幾歲的女性）

產生「溫差」的原因可說是因人而異，因為溫差所產生的煩惱也都不盡相同。不過這類煩惱的出現，大多數都是基於「該怎麼做，才能讓對方為自己多想一點？」。

以上述的例子來看，比較喜歡對方的人總是費盡心思，希望對方能多看自己一眼。有些人甚至會用很多鬼點子來對付對方，希望讓對方知道「我其實值得你更加珍惜！」。

不過，在我這個吃軟飯的人來看，不管使用什麼策略，都無法從根本解決問題。

因為，當尋找答案的人主動出擊，思考各種解決方案時，兩人之間的溫差就已經越來越明顯。

「如果什麼都不做的話，對方豈不是會變得更冷淡？」，我知道有些人會這麼想，但在介紹解決方法之前，我想先舉一個乍看之下毫無關係的例子：

假設你現在非常生氣，但現場有人比你更生氣的話，反而很難發脾氣。相信不少人都有「回過神來才發現，自己先放下了情緒，選擇安撫比自己更生氣的人」這類經驗，對吧？

吵架之後，不管再怎麼道歉也沒用，反而還讓對方更生氣；或是因為對方興致高昂，反而使得自己興趣缺缺……

不管是誰，總是不知不覺地「試著與別人保持情緒的平衡，盡可能讓現場的氣氛保持融洽」。

我不知道戀愛是不是也是這樣，但談戀愛的時候，也常常需要維持兩人之間的氣氛，這很像是某種「戀愛的平衡點」。

我們無法看到情緒，每個人衡量情緒的尺度也都不一樣，不過既然上述的例子是以溫度來衡量情緒，那麼雖然這麼說有些粗糙，但還是讓我們先用溫度來量化情緒，再試著繼續說明。

假設你對對方的感情溫度為「5」，對方對你的感情溫度也是「5」，那麼加起來就是「10」，算是所謂的「相親相愛」的關係。

但不管是談戀愛，還是其他的關係，這種溫度相同的例子都可說是十分罕見。就算是感情十分融洽的情侶，通常也是「6：4」或「7：3」這種某一邊更喜歡另一邊的情況。

換句話說，上述的例子很可能是：

「你越是為了兩人之間的感情溫差而煩惱，對方就越是冷淡。」

讓我們試著站在對方的立場想想看。

假設有位對你一見鍾情的男性（女性）向你告白，你也覺得對方還不錯，所以開始交往。但是對方卻因為太喜歡你，無時無刻都傳訊息給你，每天都一直跟你說「好喜歡你、好喜歡你」，你會怎麼想？

照理說，對方應該是希望透過這種猛烈的攻勢讓彼此的感情升溫。

「既然對方這麼喜歡我，我也應該有所回應」，我知道有些人會這麼想，但是，如此咄咄逼人的話，就算對方不至於覺得「沉重」，也很有可能會覺得，「既然你都這麼熱情了，我冷淡一點也沒關係吧？」。

以上述的例子來看，前來尋求協助的這位女性從一開始就太喜歡對方了，若是試著量化她與另一半的感情，大概是她「9」：對方「1」吧！

換言之，對方很可能覺得就算不安排約會、不傳訊息也不會怎樣。

對方可能覺得即使不回訊息，也能繼續維持這段感情；就算坐在原地不動，對方也會主動靠過來。

雖然前來尋求協助的這位女性認為，「因為兩人在交往，所以這些都是理所當然的」，但對方可能根本不在乎這些「理所當然」。

那麼該怎麼做，才能讓對方更加主動呢？

答案很簡單，就是減少自己的熱情，讓對方主動靠近。

具體來說，在兩人沒見面的時候，給對方多點時間，想想妳的事情。

瀏覽戀愛教戰守則的網站或是書籍，都會看到許多像是「在互傳訊息的時候突然不回，讓對方產生『你怎麼了？』的心情」，或是「培養相同的興趣，製造共通的話題」這類方法，但是當你主動採取行動時，其實你就已經比現在更加熱情了，而這麼做只會造成反效果。

所以就我一個吃軟飯的人來說，我會建議妳立刻與對方停止聯絡。也就是停止喜歡對方。

甚至要讓對方知道「你不理我的話，我就改投他人懷抱」。

我之所以會如此建議，是因為從他們兩人的關係來看，這位前來尋求協助的女性就算費盡心思，還是很可能會被對方耍得團團轉。

而且在被耍得團團轉之後，對方還有可能會跟她說：「看來我沒那麼喜歡妳。」，甚至有可能劈腿。

或許這麼說很殘酷，但為了減少傷害，也是為了妳好，我覺得下一個對象或許會更好。

或許大家會覺得「這沒有解決任何問題啊！」，但為了讓對方能多花心思想想妳的事情，這已經是最好的方法了。

就算「巧妙地拿捏距離，與對方展開心理戰」，試著「不立刻回訊息」，在妳與對方比耐性、保持距離的時候，溫差恐怕也只會更加劇烈。

或許只有在妳完全冷落對方後，對方才會覺得「妳很重要」。

如果對方真的來找妳，這時候才是妳向他傾訴當下情緒的機會。如果能就此開始新的相處模式，正是最為理想的結果。（此時互相傾訴的地點不需要配合對方，可以選擇妳想要的時間或是地點。或許妳會覺得這個建議未免也太瑣碎了，但這些小心機都能讓妳慢慢地握有主導權。）

如果對方沒來找妳，與他斷絕聯絡才是正確的做法。

從客觀的角度來看，妳不需要硬是跟對方交往。

「我就是做不到這點才這麼煩惱呀！我就是喜歡他啊！」

我知道有人會這樣反駁，但真的是這樣嗎？

從這位尋求協助的女性所寫的文字來看，我覺得她與對方的關係並不正常，甚至覺得她被對方「瞧不起」。

如果真是如此，把時間撥給一個這樣的人、為對方費盡心思，也只會越來越覺得厭煩。（不過如果覺得如此專情的自己很高尚的話，我倒也不會特別阻止）

對我來說，比起要前來尋求協助的這位女性不再在意對方，或是另尋良人，透過一些方法改善目前的關係更加困難。

如果無論如何都希望與對方在一起，就只能讓他覺得妳其實也沒那麼喜歡他，或是花點心思讓對方「主動出擊」。

最常見的手法就是「找他看電影」。這招能「創造共同的話題」，也能「製造機會，聊聊對電影的想法」，還能在沒見面的時候，讓對方想想妳這個人。

如果是系列電影，也可以延續話題，而且也不會聊到「兩人之間的關係」這類沉重的話題，相較之下更能透過訊息聊這些事情。

也可以請他告訴妳，他有哪些興趣或是專長。很多人都想傳授自己的專長，所以當妳拜託他「可不可以教教我？」時，任誰都會有種被需要的感覺，也會因此而感到開心。

如果他的興趣比較偏陽剛味，他或許會覺得「能跟他聊這個興趣的只有妳」，妳也能讓他知道，妳除了是女朋友之外，還是「很重要的存在」。

（話說回來，我還是覺得這種關係有必要重新檢討）

Q. 明明是女朋友，卻幾乎只有肉體關係！

一開始是因為覺得他很體貼，總是會安排約會，也會注意很多小細節，所以才在一起的。沒想到正式交往之後，只要約會就一定是去「旅館」或是「家裡」，慢慢地我開始懷疑「他該不會只是想上床而已吧？」，也越來越無法相信他。有沒有什麼方法，能讓他回到交往之前的模樣呢？（30幾歲的女性）

由於我是個吃軟飯的傢伙，有些女性打從一開始就不把我當作男性，甚至把我當成珍禽異獸，因此有不少異性都會跟我商量肉體關係的煩惱。在各種戀愛諮詢之中，這類「性方面的煩惱」可說是不勝枚舉。

「每次約會都是去旅館，他實在太不可靠了！」，或是「我不想再當砲友了！」，雖然這類煩惱內容各式各樣，但總歸來說，就是「不想再被當成呼之即來，揮之即去的女人」。

就我印象所及，好像有不少人擔心「要是拒絕他，被他討厭怎麼辦？」，或是「我知道他就是這樣的人，但就是無法拒絕」。

事到如今，要妳重新看待男女之間的性關係應該是不太可能了。不過，男性之間總是常常聊到「我跟〇〇上床了」這類話題，許多男性也覺得只要上過床就表示達陣了。

若想解決與性有關的煩惱，首先要先明白，男性的性慾比女性想像中更加「旺盛」。

接下來，我要冒著被所有女性討厭的風險，說明男性的性慾到底有多麼「愚蠢」。

比方說，妳很喜歡吃壽司，覺得「一輩子都只要吃壽司就足夠了」。假設當妳因為某種緣故而無法吃壽司時，旁邊剛好有妳第二喜歡的炸雞，而妳正好肚子餓的話，也有可能會改吃炸雞吧。但這不代表妳討厭壽司，對吧？而會劈腿的人大概就是這種心態。（我知道把女性比喻成食物很糟糕，但說到底，這只是在將性慾比喻成食慾而已，還請大家見諒）

我想說的不是「男人就是這樣，妳最好多體諒一點」，但說得露骨一點，男性口中的「好可愛喔！」往往帶著「好想做愛！」的語氣，所以與其說男性的性慾是一種慢慢蘊釀的情緒，不如說是一種「反射」。

雖然不能一竿子打翻整船男性，但的確有不少男性是這樣的。正因如此，女性才會為了肉體關係而煩惱。

之所以不惜冒著與女性為敵的風險說明男性的性慾是有原因的。

我知道，有些人會因此對我大罵「你在開什麼玩笑啊！」，也有許多女性會覺得「所以男人都是笨蛋！」而對男人幻滅。

假設我所說的屬實，受傷的也總是女性的話，其實女性也不需要再因為男性的性慾而忽喜忽憂了。

以這位「擔心拒絕對方，就會被對方討厭」的女性為例，只要放下這個想法，就能解決問題。

雖然有些男性的確會在被拒絕的時候，搬出一堆花言巧語，有時候還會做出一些很丟臉的舉動，但這就是再明顯不過的證據。

一旦上過床，男性就會莫名地覺得自己的「男性雄風受到認證」，還會以為只要兩人開始交往，就等於得到某種免費通關的入場證。

「明明之前都可以，為什麼今天不行？是我犯了什麼錯了嗎？」
會如此焦急的往往是男性。
所以，一旦約會的終點都是旅館時，由妳來拒絕他也是沒有問題的。對方有可能會擺出一副不開心的表情，甚至有可能會難過地哭了出來，但若是在這時候順著對方的意，情況是不會好轉的。
而且，接下來才是關鍵。
簡單來說，就是在拒絕對方之後，轉由妳在「想發生關係的時候，主動找對方約會」。
我的意思即是，身為女性的妳能否掌握性關係的主導權，才是扭轉情況的關鍵。
至於什麼時機點最恰當，又該如何拒絕對方，端看與對方之間的關係。此外，男性被拒絕時的不開心是可以分成幾個層面的。
首先就是「肉慾無法化解」的部分，其次則是「我該不會失去男性魅力了吧？」的氣餒。
而且就比重而言，後者高出許多。
明明不是不想做卻拒絕我，是代表妳「討厭本大爺了嗎」？有不少女性都曾經被男性如此遷怒吧。

前面提過，只要上過床，男性就會覺得自己的「男性雄風得到認同」，也會覺得「既然在交往，做愛也是理所當然的行為」。不過，除了單純的肉慾之外，男性之所以想做愛，某個部分也是為了確認自己「男性魅力尚存」。

所以，拒絕了性行為，也等於在當下否定了對方的心情（並非表示對方男性雄風下滑）。等到妳想做時才做，之後對方一定會明白「妳只是因為今天不想做才拒絕」。（我越寫越覺得好麻煩，但是女性在這方面的確比愚蠢的男性們高明許多）

話說回來，如果在拒絕之後，對方用一些尖酸刻薄的話酸妳，那就是所謂的「約會暴力」，代表對方從一開始就沒有為妳著想。

假設對方覺得，交往只是一種能隨時做愛的關係，那麼勸妳早早看破。

Q. 剪不斷，理還亂！深陷泥沼的關係

我跟某個有女朋友的男性是砲友。我早就知道他有女友，所以不敢讓自己陷得太深，但每次見到他，都還是覺得自己喜歡他，也覺得這樣

的自己很悲哀。就算跟朋友聊這些事，也只會被罵說「妳明知對方有女友了，還跟他當砲友，真的很差勁耶！」。我知道若是離開他的話我會很寂寞，但我真的想了斷這段關係，到底該怎麼做才好？（20幾歲的女性）

在提供性關係相關的諮詢時，

「我知道自己是砲友，從來沒覺得自己能修成正果，而且我也想結束這段不上不下的關係。」

這類型的內容並不少見。

然而，前來尋求協助的人往往還會補上一句，「但是只要他一聯絡我，我就是沒辦法拒絕他」。

明明已經下定決心不再跟他聯絡，卻總是忍不住檢查手機，看看他有沒有傳訊息來，或是一回過神才發現自己主動聯絡了對方。許多人理性上知道要跟對方保持距離，卻遲遲無法從這種負面情緒的漩渦之中逃出。

有些人則是抱著「你就給我好好體會我有多重要吧！」的心情，決心與對方斷絕往來，這感覺就像是在報復對方一樣。

但是，不管這份感情是「喜歡」還是「怨恨」，都是一種對對方的執著。

所以，讓我們一起想想該怎麼停止這種關係吧！

如果是「我知道不能再這樣下去，但我就是忍不住」的人，那麼除了檢視自己的人際關係之外，似乎還得想想「依賴」與「擺脫依賴之後的狀態」。

以吸菸為例，「平常不吸菸，但是被人問要不要來一根時，就會跟著吞雲吐霧」的人，應該不算是尼古丁上癮吧？

那麼，到底有菸癮的人，要戒到什麼程度才算是「戒菸成功」呢？

從不吸菸的人來看，不吸菸時就算是戒菸，但其實事情並沒有想像中那麼單純。

如果是這樣的話，從將菸頭丟到菸灰缸的瞬間，到點燃下一根香菸為止都能算是戒菸（雖然這聽起來像是詭辯）。

相反來說，不管是隔了兩、三天，或是隔了好幾年才又點著下一根菸的話，似乎都不能算是「戒菸成功」。

據說，賭博成癮的人能夠記得每條街上，每間柏青哥或是吃角子老虎的店位於何處。

很久以前，我也是個菸槍，甚至有飼主跟我說：「只要你能少抽幾根菸，我就依照少抽的根數給你零用錢。」，當時的我跟賭博成癮的人一樣，記得街上每一處吸菸區，以及每一間有販售香菸的超商位置。

不過現在的我，已經記不得街上哪裡有吸菸區和哪間超商可以買到菸，也不知道菸漲了多少錢，因為我已經不會去看櫃台後面放菸的櫃子了。

若問我到底想說什麼，那就是只有當你「不再在意」時，才算是真的擺脫依賴。

當妳還覺得「沒辦法放棄這段關係」時，就代表其實還很依賴對方，妳的內心還被對方抓得緊緊的。

就算真的與對方聯絡，如果能在當下覺得「這傢伙社群網站的大頭貼怎麼那麼醜？」，確實地從客觀角度看待對方，才算是真的不再依賴。

「道理我都懂！我要的是擺脫依賴的方法！」我似乎聽到有人這樣大喊。

就結論而言，擺脫依賴很難。

因為，當妳下定決心「要擺脫依賴」時，就代表妳一直想著對方；除此之外，若能輕易地與對方取得聯絡，那麼要戒掉依賴就更不容易。

雖然這個建議沒什麼用，我也覺得很抱歉，但想想過去自己失戀時，也只是一直告訴自己「時間能沖淡一切」。換言之，這件事沒有什麼特效藥可以解決。

只是沒人知道要過多久才能沖淡。

有人甚至會擔心「要是一輩子都很痛苦該怎麼辦？」。

儘管每個人都不一樣，但若是要替這個「時間」加個明確的期限的話，快的人大概一週就能戒掉，慢的人則是兩週左右。就我印象所及，大概過了一、兩週的時間之後，就能冷靜地做出正確的判斷，所以請試著讓自己在兩週之內「不跟對方聯絡」。

由於不可能在這段期間完全不去想對方，所以也不需要硬逼自己「不要去想」，畢竟無論如何，妳都還是會想。

認清自己「就是會想到對方」也很重要。

當我們能夠客觀地觀察到自己「啊！我真的很想他耶！」時，就能察覺到這一切不過只是情緒波動，關鍵在於不對此採取任何行動。

往極端角度思考，兩週之後就能與對方聯絡了。把睽違兩週的聯絡當成給自己的獎賞，作為忍耐的動力也沒關係。

只要過了兩週，就有可能在想著對方的時候越來越質疑自己「為什麼我得受這種罪？」，也有可能會開始思考「我已經忍耐兩週了，這種得不到任何回應的日子還要持續多久？」。

「不能為了擺脫對對方的依賴而一輩子想著對方嗎？」

讓我們放下這種執念吧。

一輩子都在忍耐的話，會讓人覺得很挫折的。

說是忍耐兩週，其實真正痛苦的只會有幾天（當然這也是因人而異）。說得更正確一點，第一天通常不會太痛苦，因為「我絕對不會再跟他聯絡」的心情還很強烈，但是第二天或第三天才是真正的關卡（大部分失敗的人似乎都是在第二、三天的時候與對方聯絡）。

這很像是傷口結痂之後，會覺得癢癢的，想撬開來看看好了沒的感覺。

但我們都知道，越是撬開結痂，傷口好得越慢。只要不去理它，漸漸地就不會那麼在意傷口。想必不少人都有過類似的經驗，知道我在說什麼吧！

我也很建議在這兩週之內與別人見見面。

就算最後覺得「我還是喜歡現在這位砲友」也沒關係。

常言道，戀愛是盲目的。這時候的妳很容易覺得「我眼裡只有這個人」，而多與別人見面，也不是要妳在這兩週之內，找到另一個喜歡的人。

只是要妳親身體會「自己還有很多選擇」這件事，我覺得這也是擺脫依賴的手段之一。

此外，妳也可以趁這兩週將之前沒追完的劇追完，或是試著在這兩週看完200本日本超長壽漫畫《烏龍派出所》。

我一直認為，在失戀時常聽到的「時間能沖淡一切」與「恢復冷靜」是相同的意思。

我覺得一旦將徹底康復設定為最終目標，接下來要面對的就是長期抗戰，很容易心生挫折。就像「舊傷總會在某天突然痛起來」這句話，有些傷就是沒辦法身心同時痊癒。

所以我覺得，告訴自己「徹底擺脫依賴的終點其實比想像中更近」這點也很重要。

Q.結婚真的有那麼重要嗎？

沒有男朋友、單身的我，常常在聚餐的時候被朋友勸說：「趕快找個好對象在一起啊！」，也有很多人會主動給我許多談戀愛的建議。其實我自己心目中是有明確的「理想對象」的標準存在（我覺得能跟我一起欣賞「喜劇」、一起開懷大笑的人很棒），但或許是因為我已經34歲了，所以總是會被強迫推銷與「想要結婚的人」交往，我的朋友甚至不顧我的喜好，一股腦地叫我以結婚為前提，先找個人交往看看再說。結婚真的有這麼重要嗎？我身邊也有已經結婚的朋友，在我看來，我總覺得結婚並沒有那麼理想，總是不自覺地為此感到煩惱。

（30幾歲的女性）

在給予建議之前，不得不先說的是，這個情況還真是越看越令人火大啊！那種好為人師、總是自以為是地指點他人人生的人，往往表示他對自己的現況感到不滿。

如果是對自己的人生現況感到非常滿足的人，才不會想要與別人比較、扯別人後腿，而是寧可將能量用在讓自己的人生變得更好之上。（雖然話又說回來，我這個吃軟飯的好像也沒資格這麼說）

在我看來，唯一可以斷言的是，這位諮詢者心中早已有了答案。除非真的能夠找到「可以一起欣賞喜劇、一起開懷大笑」的人。直接以這位諮詢者的原句作為回答，也完全沒有任何問題。大可不必去迎合妳的朋友，無視他們所說的話也ＯＫ！

如果真的反駁他們，有可能會聽到他們說：「我是為妳著想啊！」這樣的話，畢竟他們的個性真的是很糟糕。

如果是職場上的人際關係，或是不想跟朋友吵架，或許簡單點個頭、敷衍一下就過去了。但如果是我，這輩子都不會再參加這種聚餐。

如果對方請客的話，或許還會勉強考慮；但我絕對不會付了幾千元，還要去被挖苦……

不過退一百步來說，讓我們假設諮詢者也覺得自己是「差不多該考慮結婚這件事的年齡」的話。

不管是男是女，到了一定的年齡，通常都會因為受到社會刻板印象影響，而被迫在意起結婚這件事。

而且女性比男性更容易被關心結婚、生小孩或是照顧家人這些私事，因此也比男性更容易為此煩惱。

所以我覺得這位「有明確的喜好」，以及正在思考「結婚真的那麼重要嗎？」的諮詢者，光是有著這樣的想法就已經非常值得尊重。

假設真的按照朋友建議，以結婚為前提找到了交往對象，後來也步入婚姻，過著幸福美滿的生活。

但是，只要婚後有任何的不滿，很有可能就會忍不住抱怨：「都是被朋友催婚給害的！」。

每個人對於幸福的定義都有所不同。很想結婚的人時機一到，自然就會結婚，我也不打算否定這種想法。

我想說的是，如果諮詢者已經知道自己要的是什麼，實在沒有理由違背自己的心意。

我之所以一開始就說「唯一可以斷言的是」也是有理由的。

比起因為適婚期、朋友的建議或是各種理由而選擇「總之先結婚再說」這條路，

「我想要跟能一起欣賞喜劇的人在一起。」

諮詢者內心所追求的東西其實更加單純。

當我們無法立刻在二擇一的選擇題做出選擇時，理由越多的選項越是充滿謊話。

就算是會讓旁人充滿「？」的理由，只要是值得當事人放上天秤衡量的，對當事人來說就是非常重要的理由。若是選擇讓自己充滿疑問的選項，通常也無法說服自己。

這位諮詢者對社會的風氣充滿了質疑，也知道自己真正想要的是什麼，所以我覺得，就算到最後發現「原來當時我所做的選擇是錯的啊！」，屆時自己也終能感到信服。

總之，這位諮詢者（其實）沒有什麼煩惱需要解決吧！

我覺得她只要堅持自己的想法，應該就不會有什麼問題。

話說回來，能一起欣賞喜劇的人滿街都是，只要試著從中找到聊得來，或是處得來的人就好。

我不會說「結婚不重要」，但結婚這件事在每個人心中所佔的比重都不一樣，如果某天突然覺得「結婚比較好」，那就到時候再說吧！

Q. 究竟什麼時候，白馬王子才會出現？

我好像很容易喜新厭舊。

前陣子也是這樣，明明才剛剛跟一見鍾情的男性交往，但是當對方提出的要求越來越多、對我的佔有慾越來越強時，我就會開始感到不太對勁，最後發現「我可能不太喜歡他……」，然後決定與對方分手。

我知道被分手的一方會感到很衝擊，但是到目前為止，我的戀情幾乎都是這樣收場的，就連我也忍不住問自己：「我是不是沒辦法好好談戀愛？」，甚至不禁覺得這樣的自己很悲哀。當我跟朋友聊起這些事時，朋友也只會順口回覆：「反正妳很快就會找到下一個了啊！有什麼關係？妳這煩惱未免也太奢侈了吧！」。究竟該怎麼做，才能改掉我這個「喜新厭舊」的壞毛病呢？該怎麼做，才能認真地跟別人交往？（20幾歲的女性）

像是這種男朋友一個接著一個換的人，明明是在訴苦，乍看之下卻很像是在炫耀自己很受歡迎，對吧？但其實受歡迎的人也有受歡迎的煩惱，更何況煩惱不分奢侈與否，一樣令人心煩……那麼該怎麼做，才能改掉喜新厭舊這個毛病呢？

老實說，我不知道。話說回來，我覺得喜新厭舊這點不是問題的核心。從結論而言，我覺得真正的問題在於，諮詢者總是不自覺地以扣分的方式來看待對象。

線索之一就是諮詢者那句「我就會開始感到不太對勁……」，這句話其實話裡有話。雖然聽起來有點像是廢話，不過會覺得「他果然不是我要的人」，是因為心中早就有「完美情人的想像」存在。

如果一直以來都是自己主動提分手（越是有機會挑對象的人，越是如此），有可能是因為內心期待著遇到更適合的對象。

當然，我也覺得「既然跟這個人合不來，那就再找下一個吧！」，不過在此希望這位諮詢者先想想兩個前提。

第一個前提是，不管一開始的「喜歡」只是出於直覺或是符合理性，通常都不會太過長久。

但是，若是一直陷入無法修成正果的戀情，那就另當別論。

如果這份「喜歡」沒有得到回應，反而會越來越肯定這份「喜歡」。

不過，這位諮詢者似乎把重點放在「交往」這件事上。

一旦將交往當成終點，最初那份「喜歡」的心情就會變得更不可靠。

交往前與交往後，與對方的距離完全不同。

就像遠看看不見，近看才發現的青春痘，彼此靠得越近，越容易看清楚對方的缺點或是讓自己無法忍受的部份。

而且在交往之前，對方當然也會盡可能地表現出自己最好的一面。

交往之後，彼此就不會再像交往之前那麼緊張兮兮，也會因為「已經在一起了」而對彼此的關係感到放心，自然而然也會想要貫徹自己的主張，做回真正的自己。

所以建議這位諮詢者，不妨告訴自己：「『喜歡』與『不喜歡』是一體兩面的事情。」

這樣說或許不夠清楚，讓我換個說法吧！在交往之前，那猶如被閃電擊中般的「喜歡！」，與實際交往之後，一點一滴累積的「喜歡」，兩者成分完全不同。

了解這點之後，接下來要說的是第二個前提。

如果每次結束戀情的模式都一樣，有沒有可能是標準太高了呢？

正確來說，應該不是「太高」，而是「太窄」。

換言之，交往之後，對方的一言一行都必須合乎心意，這樣的標準其實極度「狹窄」。

之後我也會一直提到這點，完全符合心意的另一半根本並不存在。

所以我的建議是，不妨先放下找到完全符合理想的人的想法，尋獲讓自己變得幸福的價值觀，然後重新檢視自己打從心底想要的對象。

我的意思不是要妳「妥協」，只是想告訴這位諮詢者，既然妳心中有所謂的理想對象，對方當然也有所謂的理想對象。

不過每個人的標準都不一樣，而且姑且不論是對是錯，對方或許覺得交往之後，想要佔有另一半是再理所當然不過的事情。

由於彼此的理想不同，所以即使再怎麼互相磨合，也無法找出解決之道。

9 在軟飯王提供戀愛相關建議之後

上個篇章當中，從我個人見解的角度出發，提供了一些戀愛相關建議。但是若在不認識當事人，或是不清楚雙方之間關係的情況下，其實也沒辦法提供什麼實質建議。

我一直相信，沒有任何一套黃金方程式能幫助我們建立的完美人際關係。

假如真的存在一套適用於所有人的「戀愛技巧」，從此以後，戀愛相關書籍或是資訊豈不是就再也不會推陳出新了呢？

要是當事人不在場的話就無法從根本解決問題

來找我諮詢的人，往往都是因為與對方的相處之間出現問題。照道理說，應該向另一半坦白這些煩惱，而不該是透過我或是第三者解決問題才對。

我知道，有些人必須透過與他人傾訴的方式整理思緒，有些人則是難以向另一半坦白。我也非常明白，若能自行解決問題，沒有人會想刻意鬧大。

但是說到底，戀愛諮詢就是「兩人之間的煩惱」，只要其中一名當事人缺席，就算是媲美魔法的戀愛技巧，也無法讓煩惱煙消雲散，充其量只能「應急」而已。

「喜歡的人總算注意到我了！」

「另一半對我更溫柔了！」

如果事情真如預期發展，諮詢者肯定也會感到很滿足，對吧？

不過，人際關係是流動的，很有可能在下一個瞬間，腦海中就突然閃過「討厭」兩個字。所以就算當下看起來像是我幫忙解決了問題，但其實通常都沒有真的解決。

說得更精準一點，如果有「做了某件事就會被徹底討厭」的想法，代表你已經在勉強自己配合對方。

正因為太喜歡對方，喜歡到每天都在煩惱「雖然現在沒問題，但若是以後被討厭的話，該怎麼辦？」、「他今天為什麼不太一樣？我犯了什麼錯嗎？」……等等問題的話，這些煩惱就會變成不安與壓力。如此一來，也不難想像今後的日子會變成什麼樣，對吧？

因為若是一直將這些煩惱藏在心中，不與另一半坦白的話，這些煩惱只會越來越嚴重。

有些諮詢者會跟我說：「就算我跟另一半坦白，他也不想聽，所以我才來找你諮詢。」

有時候把煩惱說出口，雙方反而會撕破臉，對吧？

就算口頭上答應對方會配合，只要態度並未變得更加體貼，這種關係其實非常脆弱。

我覺得當事人缺席的諮詢，以及在逐漸崩壞的關係之中獨自憔悴，是非常浪費時間與心力的事情。

每個人對於戀愛的想像都不一樣。

我記得我曾經在聖誕夜裡，走在通往新宿站月台的樓梯時，聽到某位男性對著女性大喊：「反正妳就是不願意去旅館對吧？」。

我雖然沒有停下腳步觀察他們，但我想最後兩個人應該是去不成的吧！因為那位男性之所以會說出「反正」這兩個字，代表他已經被女方拒絕，而且這兩個人都已經走進車站了。

此外，我在前幾天看到了一則有關性騷擾的新聞。內容提到，某位五十幾歲、有小孩的男性，長期對二十幾歲的新進員工強調自己「非常專情」，結果就被對方告性騷擾。

上述兩個例子都很極端，我也沒打算替這兩位男性辯護，但是我覺得他們其實並沒有任何惡意。我想，大家應該不至於誤會我真正的意思吧？我覺得，沒有任何惡意這點才是真正的問題所在。

我想，這兩位男性對於戀愛都有某種（扭曲的）美學，而且試圖根據這種美學或是信念來表達自己的好意，甚至相信這麼一來，「雙方就能建立良好的關係」。

不過，在新宿站被大吼的那位女性肯定覺得很丟臉；提出性騷擾控訴的那位新進員工，今後恐怕很難在公司生存。

不管有多麼為對方著想，還是多麼想要強調自己專情，這都只是將自己的想法強行套在對方身上，沒有考慮對方立場的行為。

若問為什麼會舉出這些例子，是因為我覺得這種「單向溝通」的情況，與另一半缺席的戀愛諮詢十分相似。

大部分人際關係的煩惱都挾雜著「希望對方多替自己著想」的一廂情願。

我一輩子也無法了解女友究竟是怎麼看我的

由於吃軟飯的我一直寄生在原先獨居的女性家裡，所以兩人的生活空間當然格外狹窄。

而且我也不去上班，加上二〇二一年六月時，新冠疫情嚴重，逼得女友只能一直在家遠距工作，我們兩人就像是在牢房服刑的兩名受刑人般。

還好我們兩個都很喜歡聊天，所以隨時都能「閒聊」一堆有的沒的，但我仍然不知道女友是怎麼看我的。

說不定女友正打算偷偷把我的內臟拿去賣。就算我覺得「現在的女友是我媽媽會喜歡的類型（不是我喜歡的類型）！」，只要我不把這種話說出口，她就也不可能會知道。

正確來說，就算我真的說出口了，她也不會了解的。

心理學、腦科學與哲學等領域都有「感質」這個單字，簡單來說，這個字眼的意思

就是「很像某種事物」的主觀感受。

什麼時候會用到這個單字呢……？

簡單來說，「蕃茄雖然是紅色的，但是我認知中的紅色與別人所認知的紅色有可能不同，而且很難證明」，對吧？

以上述例子來說明的話，「只要大腦的構造不一致，就無法產生相同的感

質」，這就是所謂的「感受」。

姑且不論想法，連對單字都能有著不同的解釋，所以發話者與接收者之間，不可能完全了解彼此的意思。

比方說，「喜歡」這個單字所含的意義非常多元，在不同場景之下也有不同的意思。

有些人在向酒店小姐付出大筆金錢之後被甩，卻又無法向對方開口表示：「把我所付出的錢與時間還來！」，最終只能苦笑地說：「我果然還是喜歡她啊！」，此時的「喜歡」與小孩子對爸媽所說的「喜歡」，恐怕是完全不一樣的吧。

唯一能與人共享的就只有「孤獨」而已

換言之，我們不可能知道別人正在想什麼。就算費盡唇舌說明，只要大腦的構造不同，就不可能共享所有的想法。即使是那些看起來對於現況非常滿足的人，在某種程度上也是孤獨的。

「前方一片漆黑」、「在黑暗之中摸索」……我們唯一可能共享的，可能就只有時常用來表達負面情緒的顏色，想想還真是諷刺。假設孤獨是一種顏色，想必不少人會立刻想到「黑暗」的顏色吧。

之所以會透過這麼多舉例來表達「所有人都很孤獨！大家都很孤單！」是有理由的。因為我在替不同的人提供戀愛建議時，無論男女，都有很多人會堅信「總有一天，真命天子（女）必會出現」這種說法，只是從他們嘴裡說出的話不盡相同而已。

我真正擔心的不是這種「終會遇見真命天子（女）」的心態，而是一心期待自己是灰姑娘，以為「只要遇見某個人，我的人生就會好轉，而且對方肯定也會完全理解我」的幻想。

這種「總有一天，真命天子（女）必會出現」的心態，也常伴隨著「對方永遠都會滿足我」的幻想。老實說，將自己的人生全盤託付給某個素昧平生的人，本身就是個高風險的賭注。就算真的遇見這種人，對方也不可能完全了解你，一切更不可能依照想像發展。

所以若是為了「得到滿足（填滿空虛）」而尋找另一半，那麼這股空虛肯定永遠也填補不完。

或許是因為女性很常為了「被滿足」而談戀愛吧。就我印象所及，在來找我諮詢的人當中，會問：「我身邊的人都很順利，為什麼只有我情路坎坷呢？」，然後訴說自己有多孤獨、多煩惱的人，似乎以女性居多。

我覺得，這或許是因為在現代社會裡，女性被比較的機會多於男性。

身為男性的我，當然也無法完全了解女性的孤獨。所以請大家務必記得，我所說的這些話，純粹是從我與女友的互動中所得到的結論。

我記得女友曾感嘆地說：「除了考試、找工作，女生連結婚、生小孩，都逃不過父母的監控，所以很辛苦啊！」。在高齡化問題越來越嚴重之際，負責照顧父母親的重責大任，似乎也常常落在女性身上。

男性是「單身貴族」女性卻是「老處女」

就算男女擁有相同的財力或地位，在社會上的評價還是天差地遠。

形容單身生活多自由的「單身貴族」是非常正面的字眼，往往用來形容男性；但是女性若是過著同樣的生活，卻常常會被揶揄為「老小姐」或是「老處女」。

就算都是單身，男性通常會因為「是自己選擇的生活方式」而得到尊重；但是女性卻常常被說成「該不會是另有內情，所以才無法結婚吧！」，換言之，女性常被認為應該結婚。

就算生完小孩，還得負責帶小孩去公園玩，或是與學校、家長會的其他人交際。社會大眾往往也會認為女性必須扮演「好母親」的角色，而且還會比較誰才是相對優秀的「母親」，這種比較永遠不會有終點。

就我這個吃軟飯的身份來說，男女的薪資待遇差異，也會對我的生活造成影響，所以基於私心，我也想問：「為什麼男女不能平等？」。

就我看來，的確許多女性都有「想被滿足」的煩惱。

男性當然也得面對競爭的殘酷，也得承受來自職場的同儕壓力。

我知道有些男性明明很努力工作，但是回到家裡之後，卻會聽到女兒說：「爸爸的衣服不可以跟我的一起洗！」，但是，常常被社會眼光品頭論足的女性還是更容易感受到孤獨。而女性對於孤獨這件事，也比男性更加敏感。

請救救我軟飯王！

戀愛急診室

1

即使如此！仍然希望心儀之人看向自己的心理建設

就算知道不會順利、就算不斷被勸說放棄，但我就是非這個人不可！如果你是這樣的人，在此介紹一個「讓對方主動注意到你」的小心機。

「我現在要跟一位男性朋友去吃飯，你有推薦的店嗎？」

我曾為某位來找我商量的女性發了這樣的ＬＩＮＥ訊息給她的心上人。聽她轉述，她喜歡的人知道很多好吃的餐廳，所以我才發了這封訊息，讓對方覺得「自己的專長能派上用場」、覺得自己「被需要」，同時也讓對方知道，除了他以外，這位諮詢者還有其他「能一起吃飯的男人」，讓他感到焦急。

如果他有很多口袋名單，應該會想推薦那種有侍酒師的高評價餐廳。果然如我所料，對方一下子就回了訊息，列出很多「值得推薦的餐廳」，然後我又傳了一則訊息，告訴對方「我朋友手頭有點緊，所以打算去連鎖餐廳吃飯就好」，打槍所有他所推薦的餐廳。

如果知道喜歡自己的女人正準備跟陌生男人吃飯，也因此而感到焦慮的話，應該會很在意吃飯地點的氣氛。而且他所給出的建議，還因為她的朋友沒錢而全數被駁回。

結果，之前要等好幾天才回一次訊息的他，在一個小時之後，就主動跑去找這位女性了。

接著還把這位女性帶去他所推薦的店裡續攤，對方似乎因為「無論是男性魅力還是財力，我都更上一層！」而沾沾自喜。

「在刺激對方的自尊心的同時，讓對方感到焦急」……雖然只是很普通的小手段，但很適合像這樣請第三方從中作梗，對吧！

Chapter 4

軟飯王的精髓
「逃避才是王道」

10 人際關係也需要斷捨離——不要緊緊抓著不放

建議別人在一段關係裡，將重心放在觀察對手之上；同時卻又針對各種戀愛諮詢，提出「這個不行的話，就換下一個！」的建議，其實根本就是自相矛盾。

雖然一邊觀察對方，一邊建立關係是非常重要的事情，但如果只是一味地退讓，那麼只會不斷地消耗自己的能量。所以我通常會建議直接另尋良伴。對我來說，我只希望一輩子都能與適合的人一起生活。

一輩子能遇見多少人？對某個人過於執著也毫無意義的原因

我其實也很常會說錯話，也總是因此傷害對方。在此請讓我介紹一些不著邊際的例子。

想問問大家，不管對方是男是女，關係好到可以一起去吃一頓飯的人，一輩子能有多少呢？

我從小學到大學，甚至是進入社會之後，都有結交到許多朋友，我對這點也很自豪。而且我是個非常健談的人，若問我的興趣是什麼，我一定會回答聊天，從沖繩回老家時，我最期待的事情就是與朋友見面。

更何況，要像我這樣當個吃軟飯的人，就必須事先確認對方有沒有可能成為我的飼主，所以不管對方年齡比我大還是小，我都會邀請不同的人，去不同的地方聚會。

有在客美多咖啡廳，聽到對方說我「可愛」的經驗；也有在車站附近的居酒屋，鄰近最後一班電車發車的時間點，聽到對方說我「可愛」的事蹟。

姑且不論我聯絡不到的人比聯絡得到的人來得更多，但比起同年齡層的人，我跟別人去吃飯（或者說讓對方請我吃飯）的機會應該比較多。

即使是交友廣闊的我，一輩子能一起去吃飯的人恐怕也不到一千人。

這就是我覺得「這個合不來，換下一個就好」的理由。

就現況而言，約有一億二千萬人在日本生活。

換言之，就算能認識到一千個人，這輩子也還有一億一千九百九十九萬九千人無法認識（在這段期間，也會有人死掉與誕生，所以無法認識的人應該更多才對）。

即使範圍只限縮在日本，就約有一億一千九百九十九萬九千人是「一輩子遇不見的人」，而這些遇不見的人當中，應該會有一些與自己合得來的人。

這豈不是很驚人的機率嗎？

光看這個數據，我就不禁開始思考，真的有必要將眼光放在自己遇過的人身上嗎？真的有那種不惜竭盡心力，也非要維持不可的關係嗎？

吃軟飯的傢伙也是有血有肉的人，聽到別人說「吃軟飯不可恥嗎？」或是「那傢伙想吃所有人的豆腐」，當然也是會難過的。

不過，光是日本就有這麼多人，也有非常多個社群，當然可以告訴自己：「不用管別人怎麼看我」，讓自己想開一點。

但是，與其討厭那些討厭自己的人，或是對他們發脾氣，我覺得重視那些明知我這樣，卻還是願意跟我在一起的朋友或是女友，才是更加有意義的。

話說回來，我們本來就不可能讓所有人都喜歡自己。對我這個吃軟飯的人來說，只要有一位女性覺得我「很可愛」就可以了，這比什麼都來得重要。

猶如澀谷十字路口即時監視器的觀點

最能讓我們立刻觀察到一大群人的方法，就是打開澀谷十字路口即時監視器的YouTube頻道。

不知道是從何時開始，只要是世界盃足球比賽期間，或是遇到萬聖節活動時，澀谷街頭總是會擠滿人潮。

我雖然喜歡人，卻很討厭被捲進人群之中，所以不曾在這種充滿節慶氣氛的時候前往澀谷。但我對這樣熱鬧的情景很有興趣，所以會透過螢幕，從上空觀察澀谷實況，享受這個有些卑劣的興趣。

透過這種即時監視器的影像，我們可以領悟到許多事情。首先，每次紅綠燈號誌改變時，人潮都會不斷流動，而這些人潮都是由不同的人所組成，這點讓我很是驚訝。

如果更進一步仔細觀察，也會發現「所有人都各走各的，但卻不會撞在一起」、「所有人都不會跟不認識的人說話」……這種早已深植於人類社會的

規則。

而且在螢幕裡面消失的每個人，都有著屬於自己的不安與快樂。對每個人來說，今天都是不同的一天……每當我開始想像這些看不見的事時，心中總是不禁感到越來越興奮。

螢幕裡的每個人都屬於不同的社群，也都擁有不同的人際關係。這也讓我反思，若是為了眼前的人際關係而疲於奔命，實在是太浪費生命了。

若想證明這點，可以關掉電腦，走出家門，肯定就會發現：

「自己與那些折磨自己的人，

不過都是茫茫人海之中的一粒細砂而已。」」

煩惱與大大小小的問題，都會變得微不足道。

知道地球上的人比自己想像得多很多，以及知道這個世界上的社群多不勝數，就能明白「合不來就逃走」也沒關係，與那些心存惡意的人來往，只是浪費時間與心力，也能鼓起勇氣去認識不同的人。

沒有所謂的真命天子（女）軟飯王對「契合」的定義

我們不可能有那麼多時間可以在認識別人之後，思考對方適不適合自己；當然我們也沒辦法分身去認識更多的人，所以不管怎麼尋找，也不可能找到與自己「完全契合」的人。

換個角度來看，一如「相逢即是有緣」這句話，能在茫茫人海之中相遇，就已經表示對方是「真命天子（女）」。

小學時，我曾在跟朋友打電動時，為了「喜歡哪個角色」而大吵一架。

吵架內容真的很小學生……。

重點是，班上在玩那款電動的人，只有我跟那位朋友而已。

那是班上同學都不太喜歡的小眾遊戲，只有我跟朋友很迷而已，如果只從這點來看，我跟朋友應該是很合拍才對，但我們卻為了是用緞帶綁頭髮的女孩子比較可愛，還是看似傲嬌、內心其實很溫柔的魔法師比較可愛而大吵一架。

正因為我們兩個念同所學校、同個年級、同班，又喜歡同款遊戲，所以只要稍有意見不合就會決裂。

就算彼此真的契合，也不可能百分之百是彼此心目中的理想模樣。

「所以說，果然問題是無法解決的嗎？」、「只能在現在的人際關係之中尋求妥協嗎？」……倒也不是這樣。

我覺得領悟到「雖然地球上有很多人，但沒有人是能夠完全互相理解」這件事才是重點。

真正「契合的人」願意「從零開始」思考關係

在這個社會的價值觀中，測試合不合拍的標準之一就是：

「能不能夠接受、包容對方討人厭的地方。」

這也是非常常見的標準之一。

不過，不管是「妥協」、「接受」還是「折衷」，都只是字面上的意思，每個人忍耐的程度都不一樣。

不少人會因為太執著於眼前這位對象，而虛張聲勢地說：「我能全然接受這樣的他！」，對吧？從這點來看，「連對方討人厭的部份都能接受」的這個標準似乎有點風險。

因此，在此我想介紹一個我用來測量契合度的標準。

那就是「對方願不願意『從零思考』彼此之間的關係」。

正因為我是個吃軟飯的人，所以更能強調這點。

以我現在的女朋友為例，她不太能吃辣，所以我每次煮麻婆豆腐或是咖哩時，都必須煮成甘口，不能煮成我喜歡的辣味；除此之外，她要是用一些職場術語跟我這個沒有上過班的人聊天的話，我有時候也會覺得有些不爽。

有時我也會說：「我怎麼聽得懂什麼是buffer啊？用我也聽得懂的話來說啦！」，但她完全沒有要配合的意思。

她肯定也對我有很多不滿，我也不會硬要她說沒有。

不過我想強調的是，就連我這個寄生的軟飯王，也不可能百分之百地配合對方。

若是問我，為什麼這樣還能一起生活？

答案是，她排除了一般人對於「交往」的定義，也願意以「我跟你」的角度，重新思考我與她之間的關係。

如果是一般人，應該不會「想要養小白臉」吧？

我不想曬什麼恩愛，但正因為我們兩個會去思考該怎麼相處，彼此才會覺得舒服，所以同居生活才會如此順利吧！（至少目前為止是這樣）

沒有人際煩惱的軟飯王對於朋友的定義

我最近新學到了「敵友」（frenemy）這個由「朋友（friend）」與「敵人（enemy）」組成的單字。我向來只要覺得跟對方「合不來」，就會立刻與對方斷絕聯絡，所以從沒想過還有「敵友」這種關係。在我搜尋相關資料之後，發現這個單字的意思似乎是：

「假裝兩人是朋友，然後暗中陷害對方的人。」

我也因此知道「取得主導權」、「為了獲取利益而利用對方」都是敵友的行為模式之一，以及許多人都不知道該怎麼與敵友相處這件事。

話說回來，雖然這個字裡也有「友」這個字，但我覺得其實只有「敵」的意思，也在思考真有必要替這種關係創造新的單字來分類他們嗎？

當我在思考「敵友」究竟是怎麼一回事時，我突然發現，自己似乎從來沒有為了與朋友之間的關係而煩惱過。

我應該也有動不動就想要抓住主導權，或是一開口就吹噓自己多麼厲害的朋友，但我實在想不起來對方的長相、名字或是他做了哪些討人厭的事情。

因為在深入了解這種人之前，只要我覺得「配合對方很麻煩」、「跟對方相處很累」，我就會立刻告訴自己「我跟這個人沒有緣份」，然後主動跟對方斷絕來往。

或許這樣會成為別人眼中那個「寂寞的人」，但是對方若是知道我覺得跟他相處「很無聊」，他也不會開心吧。

我常常被別人說是個「很愛社交、能跟任何人相處的人」，但其實我對自己的看法卻是完全相反。

我才不管對方怎麼看我，我只想盡可能跟「在一起會很開心的人」打好關係，所以到現在我都還會跟小時候的朋友們玩在一塊。

說到底，我只是看起來朋友很多而已。

如果對人際關係感到煩惱 那就主動去尋找契合的人

如果是在學校這種封閉的環境，或許無處可逃。有不少人會因為敵友是朋友的朋友，所以不敢得罪，使得這些煩惱變得更加複雜，對吧？

不過，就算是在這種封閉的環境裡面，我也絕對不會在有敵友的社群之中出現。

我知道有些人會說：「有時候事情才沒有那麼簡單。」，但如果真的必須承受見到敵友時的壓力，我寧可不去學校。

假設有人問我「該怎麼與敵友相處？」，我應該會回答：

「沒必要為了滿足對方的虛榮心而讓自己不開心。」

「話不投機半句多，忽略對方就好。」

如果真的覺得對方很討厭，不需要特別找什麼藉口，直接遠離就好。不需要想盡辦法讓對方吃癟，也不需要去詛咒對方。

「那個人好討厭！快逃吧！」

我覺得這就是最佳策略。

我這不是豁達，而是一旦想要報復，反而會與對方糾纏不斷。

這世界上有那麼多人，社群或是小圈圈也多不勝數。

如果遇到敵友（或是討厭的人），卻懷疑是自己有問題，我大可直接告訴你，那完全是你想太多。

等到你在全世界的每個社群都失去棲身之地之後，再來開始煩惱人際關係的問題就好。

正因為我是個只想過著輕鬆生活的軟飯王，所以不管對方是誰，我都只想要舒服的相處模式，覺得「願意和我一起思考能讓雙方都感到滿足的關係」的人就是「契合的另一半」。

關係曖昧才有的煩惱

「朋友不用多，知心的幾個就好。」

我知道有些人的問題沒辦法用上述的刪去法來解決。

在思考「朋友」的定義時，會發現再也沒有比朋友更曖昧的關係了。一來，朋友不像戀人，不需要告白，沒有任何口頭上的約定；二來，朋友這種關係通常是在「不知不覺」開始，而且也總是在「不知不覺」中結束。

「你能當我的朋友嗎？」這種台詞大概只會在戲劇或是小說中出現，不太有可能在現實生活中聽到。

「摯友」、「好友」、「普通朋友」之間的界線也十分模糊。就算每天見面，「普通朋友」可能一直都只是「普通朋友」；相對地，有些人即使是從學校畢業之後，再也沒有見過對方，卻是一輩子的「好友」。

此外，「朋友」這種關係的一大特徵，就是會有很多不同的稱呼方式。「戰友」、「酒友」、「媽媽友」……在社群媒體普及之前，甚至還有「筆友」這種稱呼。

說到底，彼此是不是朋友？交情有多深厚？友情的定義為何？全由身在其中的兩個當事人決定。一旦彼此達成共識，就不需要多問「為什麼我們會成為朋友」，也不需要釐清上述的問題。

但老實說，我覺得這種曖昧不明的關係正是煩惱的根源。

明明說自己「朋友很多」卻從來沒收過朋友的喜帖

「我要結婚了，想問你知道〇〇〇的聯絡方式嗎？我想邀他出席。如果你知道的話，就再麻煩跟我說一下喔！」

某天，一位小學時期的朋友傳了這則訊息給我。但是令我驚訝的是，對方從頭到尾都沒問過我，要不要出席他的婚禮。

或許對方是覺得，我可能包不了紅包，或是身上沒有足夠的交通費，能搭電車到婚禮會場的千葉港站，所以才沒問我要不要出席。但如果真是這樣，那就應該跳過我，另尋方法跟那個人聯絡才對。

在驚訝之餘，我除了給對方「那個人」的聯絡方式之外，還問了對方：

「那我呢？」（我們三個人從小學一年級開始就很要好，雖然到了國高中之後分道揚鑣，但是我們曾在我翹掉補習班與大學的課時，以及居酒屋的打工結束後，一起去唱卡啦ＯＫ，甚至還一起發想了朋友所組的樂團標誌……）

結果對方回答：

「狐米坤應該受不了婚禮這種場合吧！那可是得穿著西裝待在同一個地方兩、三小時的喔！」

說到這裡，有點不爽的我便立刻表示我也要出席。但實際參加之後，我又覺得「早知道聽他的建議就好了」。

一切就如他所說。對我來說，婚禮就是付了三萬日圓，然後只能乖乖坐著的場合。除了能見到主辦人以及其他老朋友之外，實在很無聊，我最後也只記得自己一直很想趕快脫掉西裝這件事。

話說回來，為什麼我會因為沒被邀請而感到衝擊呢？

我想應該是因為「我居然沒被當成受邀參加婚禮的朋友」，或是「我以為自己跟對方是朋友，但對方卻沒把我當成朋友」這類理由。

這種「一廂情願」當然也有可能是受到衝擊的原因，但是最大的理由應該是「共同朋友有被邀請，而我卻沒有」。

簡單來說，這是一種「被排擠」的感覺。

不僅僅是婚禮，應該有不少人曾有過「只有自己沒被邀請參加朋友之間的聚會」而感到失落的經驗吧。

有些場合我不在場會比較好

朋友的婚禮我就只參加過那麼一次。

正如上述這場「這輩子唯一參加過的婚禮」，對我來說，結束之後才被告知存在的婚禮、聚餐或是旅行，可說是多不勝數。

我當然也會感到失落，但卻不會因此煩惱。

因為對主辦人來說，我不在場通常比較好，所有人也比較開心。

我不是在自艾自憐，也不是在逞強。

而是真的覺得「當事人覺得好就好」。

所謂的朋友關係，也是「當事人覺得好就好」。

我知道自己的個性不太討喜，說出口的話也總是很難聽。我沒有任何想要貶低自己的意思，但是我若是參加了這些場合，可能有些人就會無法暢所欲言，有些話題可能也不太適合在我面前提起。

這麼一想，與其硬是要當不速之客，順從主辦人的安排比較妥當。而且朋友若是希望「我不在場」，那麼我不出席才是對他的尊重。

我完全沒有想要假裝自己是個「成熟懂事的大人」的意思喔。我自己也是個有很多眉角的人，也常常被人討厭，所以覺得至少該配合我所能配合的部份。

而且我對那種「沒有我也無所謂」的社群沒有半點執著與迷戀。因為明明還有很多「契合的人」，又何必硬要假裝跟某些人是朋友呢？

當有人向軟飯王傾訴職場煩惱時，我也只會（莫名奇妙地）說「辭職吧！」

現在的我是個「因為好像很有趣」，而在沖繩生活的軟飯王。

「我想辭掉工作，不知道沖繩的生活如何？」

「我覺得自己不適合現在的工作，該怎麼辦才好？」

真沒想到會有人來找我討論職涯規劃以及工作上的煩惱。

或許這些人是想藉著像我這種過著奇怪生活的人，來確認自己的生活方式是否正確，但老實說，我完全搞不懂他們的想法。

因為我既沒在公司上過班，也從來沒有「想靠接案過生活」，或者「先當個軟飯王，再來幹一番大事業」的想法。

我只是個滿腦子只想「輕鬆過活」，然後因為有些幸運而成為軟飯王的人，對於社會保險、跳槽、職涯規劃這類問題也是一頭霧水。

因此，只要有人問我職場上的煩惱該怎麼辦時，我每次都會回答「要不要乾脆辭職不幹算了？」。

我當然知道這聽起來有點不負責任，但我也只能如此回答。

因為當那些人向我這個對生活一點都不認真的軟飯王尋求意見時，恐怕心中早就有著「想要辭職，只是需要有人推自己一把」的想法了吧！

而且若是繼續問下去，這些煩惱的背後通常都與人際關係有關。

我能理解不想跟討厭的人一起工作的心情

我雖然搞不懂buffer、scheme、agenda這類專業術語，但是對我這個做過三十種兼差的人來說，我有如切身之痛地明白「職場的氣氛取決於人際關係」這點。

我的第一份兼職是在一間牛排店，店長是位脾氣古怪的人。他總是毫不在意地在客人面前大罵兼職員工，而且他的行為十分輕率，總是動不動就抱住女性店員，或是不斷地性騷擾、權勢霸凌。

在此之前，我所接觸過的大人幾乎都是像學校老師或才藝班老師那種謹守分寸的人，而且這也是我的第一份兼職，所以我也只好告訴自己「工作就是這麼一回事，這個社會與大人的世界都不好混」，就算不開心，也只能繼續做下去……。

某天店長不在時，牛排店的主廚偷偷地跟我說：「為了你好，我勸你趕快辭職。這個職場很糟，所有人都打算一起辭職不幹了。」

於是隔天我便立刻辭職。

若是問我「沒有半點猶豫嗎？」，當時的我的確覺得自己有些沒用，但也很清楚「不能繼續在這個地方打工！」。比起覺得自己沒用，我更因為這輩子都不需要再去那間牛排店上班而感到安心。

我知道，這種學生時代的打工經驗，沒辦法拿來解釋正式職場的煩惱，但的確有不少人是因為我這些莫名其妙的建議而選擇辭職。

雖然我不知道對那些人來說，這到底是不是最好的選擇，更何況，這充其量只是我所接觸過的人的狀況而已。不過，我雖然不能對任何人的辭職負起任何責任，但卻能告訴你，在那些辭職的人當中，沒有一個人感到後悔（至少大家的氣色都變得很好，也不再說些負面的話）。

我從來沒有在辭去那間讓我誤以為「工作就是這麼一回事」的牛排店，或是其他因為人際關係複雜，而讓職場環境變得莫名其妙的兼職工作之後感到後悔。

我知道，一旦成為公司員工，上下位階或是人際關係的摩擦就會增加，而且正職工作也不像學生時代的打工，能夠「說辭職就辭職」。

辭職這件事與薪水、部門，以及尋找下個工作時的履歷分數都密不可分，所以若是想要得到有建設性的建議，就不應該來找我諮詢。

老實說，關於職涯規劃或是跳槽等等職場問題，我所能聊的，最多就是人際關係而已。所以不管問題是什麼，我大概都只能回答：「要不要乾脆辭職不幹了呢？」。

超不孝的軟飯王如何看待「孝順」這件事

親子關係也是人際關係的一種，理所當然地也會產生相關煩惱。現在的我是個父母供我念完大學之後，在沖繩耍廢的軟飯王。從社會大眾的眼光來看，我肯定是個「不孝子」。

而我這個不知父母心的不孝子覺得，親子關係的煩惱比戀人、朋友或是職場人際關係更為複雜，所以也更加棘手。

雖然親子關係的煩惱十分普遍，但我覺得這種煩惱的特徵在於，這種「煩惱」連想都不能想。

前幾天，有位跟我同年的女性朋友跟我說：「我騙家人說，過年期間有工作要忙，沒辦法待在家裡，但其實我是跑去住在商務旅館度過。」

據她的說法，只要待在家裡過年，父母親就會一直催她「結婚」、「結婚」、「結婚」！但是她又沒辦法說些「別煩我」之類的話來回嘴，只好拿工作當藉口欺騙父母，而我也我覺得這個問題確實挺複雜的。

我是家中的長男，下面還有兩個妹妹。
「傳宗接代」、「讓我抱抱孫子，至少要生兩個」……
直到現在，我的父母還是會常常這麼跟我說。
我知道有些人覺得，吃軟飯這種行為很不孝，但是即使父母固然重要，一旦太過親近的話，人生就會變得很無趣了吧？
我從小就有很多這種煩惱。

每天要喝一公升牛奶以及戴上骨骼矯正器……

我的媽媽是個讓我從兩歲就去補習班上課的虎媽，而且她的執著真的到了很誇張的程度。
除了補習班之外，她還讓年紀小小的我上了許多才藝課，舉凡體操、英語、游泳、繪畫、劍道、音樂……全都上過一輪。
如果只是這樣，大家或許會覺得我媽只是「很愛小孩」而已。可是她為了

讓我長高，要一個四歲的小孩每天喝一公升的牛奶，而且還為了長高，要求我穿「骨骼矯正器」，不覺得很誇張嗎？

我到現在還是只有163公分，也沒有什麼可以拿來說嘴的特別才藝。

寫到這裡，我突然想起來，我在念幼稚園的時候，就知道「DHA」這種從魚身上萃取的營養素，因為我媽在聽到「吃魚會變聰明」這件事情之後，都會要我在喝牛奶時，順便吞幾顆含有DHA的膠囊。

此外，我媽也希望我未來能夠從事「靠腦力而非體力」的職業，所以在我小的時候，她從來不準我去參加什麼棒球或是足球之類的體育活動。

有趣的是，升上國中時，我媽帶我去醫院穿耳洞。我記得當我問她為什麼時，她只回答：「因為這在美國很普遍。」

考大學時，她沒跟我說過一句「加油」，更沒有說過什麼「盡力就好」之類的話。

取而代之的是，「如果你沒考到比早稻田大學更好的學校，媽媽會覺得自己為母失敗。」

沒錯，威脅就是我家用來激勵人心的方法。

我媽這類的虎媽行徑可說是多不勝數。儘管最後她跟我說：「只要考得上比早稻田更好的大學，我就放你自由。」，但是升上大學三年級之後，她又拿了大型廣告公司的求職手冊給我。

我實在不想再被她牽著鼻子走，也深深覺得「再不想辦法逃跑，一輩子就只能任由我媽擺佈。」

這個想法成為我人生的一大轉變。

姑且將吃軟飯這個選項放到一邊。我相信看到這裡，一定會有人覺得「那就逃吧？」，反過來說，從小被迫接受那麼多教育的我反而順理成章地得到了「逃走也好」的免死金牌，就這點而言其實還蠻幸運的。

父母那句「我是為了你好」是面堅不可破的盾牌

我覺得真正的問題是，

「雖然家家有本難念的經，但只要不像我家那麼『高壓』，孩子就不該覺得失去自由，也不應該掙扎。」

比方說，假設這世上真有公民與道德課本裡面那種「理想家庭」。在這個理想的家庭之中，孩子一定要「孝順」、一定要「照顧父母」，對吧？我沒有否定孝順或是照顧父母這些行為的意思，但這些事情不該成為小孩的壓力。

有些父母會跟小孩說：「你就做你想做的事，過你想過的生活吧！」，但這些話真的能夠照單全收嗎？我也很是困惑。

如果相信那句「你就做你想做的事」，然後跑去當詐欺犯的話，父母真的能夠接受嗎？如果我是父母的話，肯定會揍這個小孩一頓。

跑去當詐欺犯固然是很極端的例子，但是父母親這句「你就做你想做的事」，通常都有更深層的意義存在，包括考上好大學、進入好公司或是當上公務員、賺很多錢、找個能夠照顧公婆的人結婚、讓他們抱抱孫子……只是這些話通常都被省略罷了。

不管怎麼說，這類家庭問題很難浮上檯面（也很難端上檯面），再怎麼痛苦，也很難選擇「逃走」。

看到這裡，可能有人會忿忿不平地說：「可是你父母還是讓你念完大學了啊！明明如此為你著想，怎麼可以把父母寫成這樣！」。

話是這麼說沒錯，我當然也很感謝父母養育

正因為父母把我們養大，所以他們手中那面名為「一切都是為了你好」的盾牌才會如此堅不可摧。

說得更複雜一點，親子關係的問題就是：

「若將親子關係視為問題，本身就是一件不道德的事。」

一來是因為父母親從你懂事前就開始照顧你（除了「家暴」這種極端的例子之外）；二來，這個社會的價值觀認為，父母親本來就很重要。

「不管到了幾歲，孩子永遠是父母親眼中的孩子。」，父母親對孩子來說，當然也是獨一無二的存在，但是有些父母親會覺得，你小時候是我幫你推嬰兒車的，所以你長大之後就應該幫我推輪椅。

如果真是如此，不管父母還是小孩，都必須明白親子關係會隨著年老與成長而不斷改變。

正因為親子關係無法說斷就斷，所以我才會覺得應該先拿掉「親子關係」的框架，讓事情「一碼歸一碼」，先把感謝與辛苦放到一旁，然後盡可能地找機會摸索彼此的相處模式。

如果你也陷入了親子關係的泥沼，或許得先讓自己用力擺脫「理想的親子關係」，然後狠下心來，開門見山地與父母討論問題。反抗當然也是一種選擇，如果討論結果不順利的話，不妨就逃跑吧！

有時候，父母親說的話是對的，雙方為彼此著想的心情也是不容貶低的。

不過，就算彼此流著同樣的血，父母與小孩還是各自獨立的個體。能在順從自己想法之際，同時又能符合父母親的期盼，這種情況實在是少之又少。

一如我那位不惜以「工作」為藉口，也要避開家人的朋友，我知道這些問題無解，有些人甚至覺得跟父母正經八百地談這些問題很丟臉。

以我的情況來說，我跟母親之間沒有任何溝通的可能性，兩個人都只想要對方接受自己的意見，彼此的想法就像是平行線一樣，所以我也不再和她討論，決定在與父母之間的關係留點緩衝。

我把媽媽那句「只要考上大學，之後就放你自由」當成孝順她的方法（雖然只是我的一廂情願），然後與我媽保持距離。

不過，我不是父母親。

這一切都只是「身為小孩」的想法，如果有朝一日我成為父親，或許想法會改變（能不能成為父親則是另當別論）。

容我強調的是，當我決定與母親保持距離之後，我便不再埋怨她了。現在彼此也變成能夠笑著說「妳那時候真的很奇怪耶！」的關係。

雖然我列出了很多身為受害人的小故事，但是在我小時候，我媽每晚都讀故事書給我聽，這對我來說是無可取代的回憶，我也覺得是這輩子很有意義的時間。（我覺得在我理解母親這些偏頗的教育方式之後，我便能將親子關係以及親子關係產生的問題分開來思考了）

話雖如此，我還是沒辦法照我媽的想法生活。

之後如果要孝順她的話，我應該會先滿足自己，行有餘力，再「盡可能地」孝順她吧。

11 這個世界上沒有能夠互相理解的人

像我這樣選擇逃離人際關係的話，常常會聽到別人說：「跟不擅長相處的人磨合也是一種成長。」，的確，跟難相處的人相處久了，也是有可能會變成好朋友的，而且在那瞬間，肯定會覺得自己「更懂得待人處世了」。

不過，在習慣與對方相處之前，每次見到對方時都還是會緊張，而且無論再怎麼說，忍耐也是有極限的。

事實上，在與對方成為好朋友之前，就沮喪到不行的人多不勝數。而且也沒有人能夠保證時間一久，就一定能與對方成為好朋友，也有不少越來越討厭對方的情況。

經過這類磨練得到成長之後，今後若是再遇到相處不來的人，應該就會懂得如何應對。但是話又說回來，如果一輩子都不會遇到這種難相處的人，就不需要學會這些事情了，所以最好的辦法其實就是不要遇到這種人。

不管對方的建議有多麼為我著想，只要我沒辦法認同，就會選擇當成耳邊風，有時候甚至會直接逃走。

演變到現在，我身邊沒有半個會跟我說「跟不擅長相處的人磨合也是一種成長」的人。

就算被別人說「不懂得感恩」，或是聽到「被罵時也能從中學到東西」這種言論，抑或是被威脅「這樣之後會很辛苦喔！」，總之我就是想逃離那些討厭與麻煩的人事物活下去。

這種人（或人際關係模式）應該不太會被讚美，很可能會被覺得是個沒用的人。但是，如果真的有人能夠保證「自己能與任何人和平相處」，那就不會有人為了人際關係而感到煩惱了吧。

比起試著與每個難以相處的人相處，我覺得找到好相處的人、盡可能與對方保持長久的關係才更輕鬆自在，也才更有建設性。

建議或者說教都是吞不下去的「毒藥」

「既然能力這麼好，那就應該立刻轉換跑道才對呀！」

我有位大學時期的學弟在辭掉工作之後，身邊朋友如此建議，但他不知道該不該接受。

對方的建議當然是出自善意，但是對於我這位想要重新檢視自己的學弟來說，正因為知道對方是出自善意，所以才會感到煩惱。

我們一直以來都被灌輸「不能拒絕別人的善意」這種概念。

如果是重要的朋友，更是不能拒絕他的建議。不管是忽視對方的建議，或是覺得對方很雞婆，似乎都很失禮。

不過，不管彼此的交情有多好，也不管對方是不是很照顧你的人，只要覺得對方的「建議」或「忠告」苦得難以下嚥（或許可以說是良藥苦口），我都覺得最好把這些建議或忠告看成「毒藥」。

或許對方覺得他出自善意提出的建議是「良藥」，但是對你來說，卻有可能是來自不同價值觀的「毒藥」。

對我這個沒什麼抗壓性的人來說，一旦覺得對方是在說教、在命令我，或是在對我生氣，就會立刻挾著尾巴逃離。但是，有些建議就像是藥效較晚發作的藥，會在斷絕關係之後，才慢慢地生效，所以我有時候也會反省，告訴自己「應該花更多時間看清楚身邊的人事物」。

不過，不管對方是朋友還是恩人，只要覺得對方說的話「雖然很有道理，但好煩啊！」，覺得對方說的話讓你感到不耐，就應該把對方與他的行為分開來看。有句話是這麼說的：「該憎恨的是罪惡，不是人。」，我們可以試著將這句話的「罪惡」換成「善意」，試著將對方與他的行為分開來看。

大家都很孤獨，但孤獨其實很美……

話說回來，我從來不會把人際關係想得太複雜。

不管與對方是什麼關係，也不管交情有多麼深厚，只要覺得對方很煩，我就會放棄思考，身體也會自動逃離對方。

說得露骨一點，我覺得思考「煩惱也沒用」的問題只會越來越沮喪，我也不想為此煩惱。

當我們試著剖析人際關係時，就會發現人際關係的問題不外乎是出於「希望對方了解自己的想法，但對方就是無法了解」這類困境。

就算是那些相信「一定有人能懂我」的人，其實也只是因為對方催眠自己配合而已。只要彼此的大腦沒有透過線纜連接起來，就沒有辦法了解對方真正的想法。

就算是父母、就算是戀人，終究也是「別人」，對於眼前的景色或是詞彙的解釋當然都會有所不同，絕對不可能彼此了解。

就算擁有很多朋友、有著交往很久的戀人，說到底大家都是獨立的個體。

「有朋友就不會孤獨。」

「有女朋友就不會孤單。」

就算真的有朋友、有女朋友，也不可能就此不再孤獨。就算彼此的想法在某個瞬間一致，只要沒辦法共享心思意念或情緒，人人都是孤獨的。

即使如此，我們也有著一個共識，那就是「無法了解彼此的我們，其實都是孤獨的」。

我彷彿聽到遠處傳來「這傢伙還真是寂寞啊！」、「這傢伙根本不懂什麼叫做真正的愛」的聲音，但我從來不覺得孤獨是件悲觀的事，反而覺得孤獨很棒。

從字面上來看，孤獨這個詞彙似乎散發著某種世界末日的氣氛，但換個角度來看，孤獨是件相當輕鬆的事。

這就跟看到名人偷腥或是離婚的新聞時會大吃一驚，但其實對自己的人生根本沒有半點影響是同樣的道理。

「今天晚餐要吃什麼啊？可以跟昨天一樣吃麵，但也可以吃飯啊……」，思考這類問題的時間絕對比思考孤獨要來得多更多。

就連知名藝人的這類新聞，也不過就是雞毛蒜皮的小事罷了。

徹底了解「我們其實對彼此沒那麼有興趣，我們只是一群孤獨的人而已」，以及知道能從別人身上得到的滿足有限的話，就不會為了滿足自己的孤獨而向別人提出無理的要求。

Chapter

5

找出自己擅長與不擅長的事
軟飯王的工作論

12 拒絕成為上班族的藉口以及因此形成的工作觀

到底找工作是怎麼一回事？即使是我這個從沒在公司上過班的軟飯王，之前試圖找工作的時候，心中也曾冒出過這個疑問。

對我來說，考大學不過就是為了「得到四年的緩刑時間」而已，我可不是為了之後找工作會更有利才努力考進早稻田大學。

搞不清找工作的理由也不懂上班有何意義

我還記得，當時的我完全不知道找工作該做哪些準備，也不懂大家為什麼會像是聽到起跑的槍聲一樣，在同個時期突然開始找工作。

雖然在實習、校友訪談、職業說明會中都會聽到ＳＰＩ（編註：由日本

Recruit集團所開發的適性測驗系統，被日本許多公司用來作為錄取職員的評量標準之一。）這類單字，但我一個字也聽不懂。

我曾因為參加探險型社團而在離島的海邊用橡皮球與流木打棒球，然後邊打邊跟身邊與我一樣確定留級、只穿著褲子的朋友聊到：「到底大家都是從哪裡取得這些工作資訊的啊？你不覺得很神奇嗎？」。

依稀記得，就連這位朋友也跟著穿上面試套裝的當下，我才開始意識到，「原來如此。因為畢業之後，就得找個團體作為歸屬嗎？」。

由於那時同居的年輕女友也開始找工作，讓我覺得「再不認真找工作的話，恐怕就沒辦法繼續待在這個家了」，所以也開始以我的方法認真地找起工作。

不過，越是了解找工作的過程，我的

內心就越是充滿疑問。

其中最大的疑問，就是大家似乎都把「通過公司選考」這件事當成最終目標，至於自己是否真的喜歡在這麼短的期間之內找到的工作則是其次。

「為什麼不惜誇大自己，也要搶著擠進自己根本了解不深的公司呢？」慢慢地，我開始覺得找工作是件「隨波逐流」的事情，也覺得其中潛藏著極高的風險。

我知道，找工作有許多「好處」。比方說，工作可以拿到薪水、員工可以享有福利，也能享受公司品牌形象帶來的優越感。有些人只要能糊口，也不太在意工作性質或是公司規模，甚至有人是在上班之前，就打著「先在這間公司待三年，之後再另謀出路」的如意算盤，規劃著自己的職業生涯；當然也有許多人是心不甘、情不願地被迫跳進這個找工作的制度之中。

沒能在極為短暫的時間內找到自己真心想做的工作

我無意否定找工作這件事，而且再怎麼說，正是因為當時的我直到最後都沒能理解其中的意義，所以才會產生這種疑惑。

現在這個時代，成為上班族之後還是能有很多不同選擇，但仍有許多人即使知道這個時代早就沒有所謂的終身雇用制，卻還是在找工作時，盡可能地希望能在這間公司待久一點。

不過，所謂的良心企業，其實也就是要從星期一到星期五，每天去同一個地方上班的公司。

我很不習慣在同一個時間點去同一個地方，所以總是懷疑，為什麼大家能在這麼短的時間之內決定要去哪間公司上班？儘管這已成為再理所當然不過的事情，但我始終無法接受這種不顧後果為何的就職模式。

老實說，直到現在，我還是沒有認真想過找工作這件事。

其實早在四歲的時候，我就覺得自己「不適合當上班族」，當大家突然開始找工作的時候，我也沒辦法在那個短暫的期間之內，找到自己的夢想或是理想的工作。

「不趕快開始找工作的話，之後會很慘喔！」

「都已經進到電視台面試的最後一關了，一定會有一家錄取你的啦！就去錄取你的電視台上班吧！」

即使是在聽取各方意見之後，我仍然覺得上班只有「每個月能領到一筆錢」這個好處，完全不知道還有什麼意義。

對我來說，比起經濟不穩定或是失去社會信用，突然進入一間根本沒有半點興趣的公司、每天做那些沒有興趣的工作還比較可怕。

當時的我從沒想過繼續吃軟飯會有哪些風險，也沒有「船到橋頭自然直」這種樂觀想法，或是「總有一天會走投無路」的不安。

我心中唯一握有的是「是否輕鬆」的衡量標準，而當我將現在的生活與這些風險和想法放在天秤上秤量之後，發現「至少現在還有家可歸」，便下定決心放棄替未來擬定計畫，也不再認真地找工作了。

在不斷「逃避」的過程中發現自己「擅長」&「不擅長」的事情

每當人生遇到需要選擇的岔路時，我都只會以：

「輕不輕鬆？」

「開不開心？」

這種標準來做決定。一直以來，我都是選擇那條看起來最輕鬆的路，盡全力逃避那些討厭的事。

不過，在我不斷逃避的過程中，也得到了一個意料之外的驚喜。

那就是當我不斷地思考「逃還是不逃？」時，我便能從客觀的角度判斷眼前的這件事「做得來／做不來」或是「擅長／不擅長」。

我從來不覺得做家事很辛苦，所以才能一直過著吃軟飯的生活；至於能賺點零用錢的寫作工作，我也從來不覺得累。

或許有很多人會懷疑，我這個對不斷逃避很有自信的軟飯王，「怎麼會持續寫作這份工作？」，但是連一點零用錢都不賺的話，很有可能就無法繼續吃軟飯了。

簡單來說，寫作這項工作能夠讓我在毫無壓力的情況下繼續吃軟飯。

我打過許多工，但是都沒辦法做兩年以上。

照理說，在我找兼職時，這些工作應該都是具有某種吸引力的。但是得在同個時間點去同一個地方，以及做著一成不變的工作實在讓我覺得很煩，所以我總是沒多久就辭職。

唯獨這個與我的理想完全無關，卻突然從天而降的寫作工作，讓我持續了四年之久，而且幾乎是每天都在進行。

我之所以能夠每天寫作，除了是因為我不覺得寫作這項工作有任何壓力，說得更深入一點，應該是「我的專長恰巧符合寫作需要的能力」吧。

寫作需要的能力有很多，其中「擁有足夠的資訊來源」、「抓出話題與搜尋資料的能力」、「能夠創造與人邂逅的場合」，這些都是我的專長。

其中最值得一提的就是「能夠創造與人邂逅的場合」這點。

創造一個讓有案件要發的編輯、作家、採訪對象、有識之士彼此認識的場合，是大家眼中極為麻煩的事情，但對我來說卻易於反掌。

如果遇到需要專業的工作，我有時候會選擇轉介給朋友，或是為了自己接案而去結交新的朋友。

嚮往的職業並非天職

為了能夠繼續逃避下去、繼續吃軟飯，我發現了自己擅長與不擅長的事情，也因此找到一邊吃軟飯、一邊寫作的生活模式。

我覺得先徹底了解自己「擅長」與「不擅長」的事情，對於判斷職場好壞，或是選擇工作種類與型態都很有幫助，甚至能藉此判斷是否要辭去現在這份工作。

嚮往的職業不一定就是天職。

或許大家會覺得「這不是廢話嗎？」，但有許多人在進入沒那麼嚮往，可是還算有點期待的公司之後，常會覺得「這份工作跟我想的不一樣……」，或是「我還以為我適合這份工作，但似乎不是這麼一回事……」，這種進錯公司的情況非常常見，日本企業的新進員工在三年之內辭職的比例高達32%，顯示這是個不爭的事實。

針對「想要掌握要領，就先持續做三年」提出反駁

常言道，「一年得其要領，三年必有所成」，但我的想法是：

「人與職業之間都有所謂的契合度，有些事情就是無法克服、有些工作就是無法堅持下去，沒有必要不顧這項事實，硬逼自己做滿三年。」

在不知道自己「擅長」哪些事情、「不擅長」哪些事情的狀態下，等於是仰賴毫無來由的直覺以及莫名其妙的憧憬，還有社會名聲來選擇職業。我不知道這種靠直覺或是名聲選擇的職業是否就是天職，也不知道沒來由地相信「先做三年再說」，對當事人而言究竟是不是件好事。

但我認為，在覺得自己「搞砸了」之前，先了解自己「擅長哪些事情」，以及「需要什麼工作能力」比較重要。（我也聽過一些進入公司之後，就很難提出辭職的例子）

就算真的在職場「搞砸了」，也沒有不準換工作或是轉換跑道的規矩。不過我覺得這種時候，除了根據「接下來想做這類型的工作」，或是「想找份薪水較高的工作」這類標準來挑選之外，也要從「自己是否能夠勝任」這個

角度判斷。

這麼一來才能毫無壓力地完成工作，也比較有機會長久地做下去。

話說回來，所謂的「三年」又有什麼根據呢？

在好不容易熟悉工作的時候辭職當然很可惜。在同一間公司待了三年之後，除了熟悉眼前的工作、大致了解整間公司的環境和制度之外，也能更全面地評估手上的案件。

我所聽過的例子，幾乎都是在三年之後更被重用、責任範圍更廣，甚至還得負責帶新人。

由此可知，在同一間公司待了三年之後，對工作的看法的確或多或少會有一些改變。

不過，三年充其量只是個估算值。

只要工作內容不同，就會牽涉到不同的人，所以這個標準也不是放諸四海皆準。

為什麼我這個沒在公司上過班的人，會想抱怨「三年」這個標準呢？

那是因為基於「我覺得這份工作跟我想的不太一樣，但是立刻辭職的話，有可能會被貼上抗壓性太差的標籤」這個理由，而白白地被「三年」這個數字折磨的人，比想像中還多很多。

如果是自己討厭的兼職，我可是連五分鐘都待不下去。所以我很難相信居然有人可以撐過漫長的三年。

就算真的撐過三年，也不代表一定能夠了解公司，或是掌握需要的工作技巧吧。

有些人不用三年就能掌握工作要領；反過來看，有些人明明得等到第五年才能上手，卻誤信了「做滿三年還是不行的話就換工作吧！」這句話。

當然也會有即使過了十年，還是無法掌握要領的可能性。

其實「是否掌握工作要領」也是非常主觀的判斷，有時候是自己判斷「到底夠不夠熟悉這份工作」（每個人的自我要求程度不同），有時則是全盤交由上司評斷。

明明遇到的事情、職場環境、工作內容都不同，卻要所有人都「先做三年再說」，不禁讓我覺得這實在不太合理。

13 「讓興趣變成工作」是個完全不可靠的建議

我有時候會聽到「讓興趣變成工作」這種典型的就職方向建議。但就我這個吃軟飯的人來看，再也沒有比這更不可靠的建議了。

這個建議乍聽之下像是為了對方好，我也不敢說提議者不是出自善意，但我覺得這與「不然去當YouTuber吧！」，或是「乾脆自己創業吧！」的建議一樣，都是未經深思熟慮、隨口說說而已。

我很喜歡打電動，但若有人問我要不要當「程式設計師」或是「電競選手」養活自己，我只能說，這種可能性微乎其微。雖然成為遊戲實況主能賺到錢，但論誰都心知肚明，遊戲實況主也不是想當就能當的。

一來，只有一小撮的人能夠靠這些興趣維生；二來，成為「程式設計師」養活自己似乎值得一試，但是這個方式根本無法回應提出「讓興趣變成工作」這項建議的人。此外，如果問我打電動打到最後，是不是就能成為遊戲設計師（必須具備設計遊戲劇情以及寫程式的能力）？我只能說，這根本是兩碼子事。

不管是運動選手還是藝人，「工作」剛好是「興趣」的人可說是少之又少。進一步來說，一旦這項「興趣」變成某種「義務」，不僅會變得無趣，甚至還會因此變得「不再喜歡」，而這也是十分常見的情況。就算是我最喜歡的遊戲，如果要求我跟電競選手一樣「每天練習十小時」，我覺得我一定會變得很討厭這款遊戲。

「因為喜歡吃蛋糕，所以要當蛋糕師傅」？

不管是特殊還是一般的工作，「讓興趣變成工作」這句話都值得質疑。比方說，「因為喜歡吃蛋糕，所以想要成為蛋糕師傅」，我沒有要否定這種想法的意思，但我認為必須思考萬一沒有（或是無法）成為蛋糕師傅的情況。如果「想成為蛋糕師傅」，就必須先問問自己是否擅長「調配麵糊」、「烘焙糕點」或是「裝飾蛋糕」。

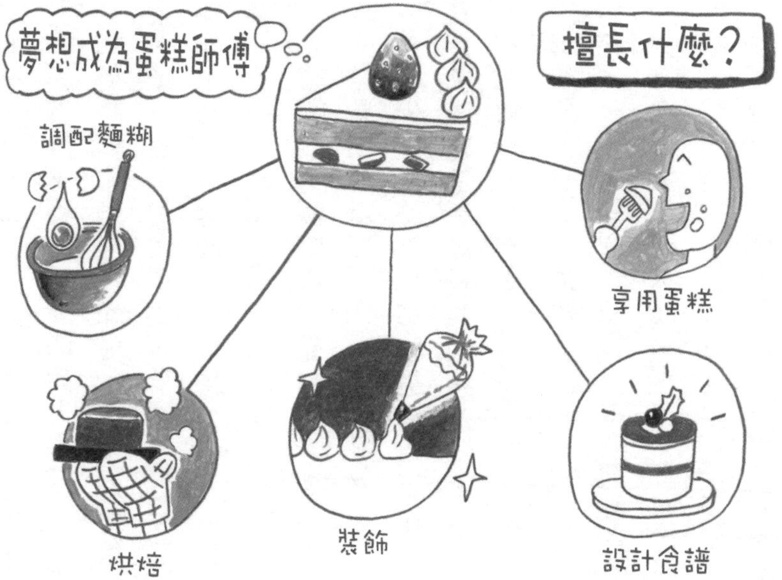

還要更進一步思考，自己是否「擅長設計新的食譜」，或者根本只是「喜歡吃蛋糕」而已，想得仔細一點也無傷大雅。

如果很擅長調配麵糊，那麼除了蛋糕之外，應該也很擅長製作其他甜點，或許也有機會成為甜點主廚；如果擅長生產東西的話，說不定也很適合在製造業當工程師。

如果覺得自己很擅長「製作東西」，那麼連建築業也在考慮範圍之內。

以建築業為例，裝潢業者是種專門向客戶提議適合門市或住宅的壁紙，然後將這些壁紙貼得有條不紊、整齊劃一的工作，就某種程度而言，與裝飾蛋糕所需要的能力很像，都需要力求「正確」與「細心」。

如果將裝飾蛋糕比喻成「讓東西變得漂亮」的工作，那麼擅長這類工作的人，或許也很適合書本裝幀或是網頁設計師這類與設計有關的工作。

如果將注意力放在「維持美觀」這點，或許也很適合從事錙銖必較的銀行業，不會因為需要鑽牛角尖而感到痛苦。

如果因為喜歡吃蛋糕而跑遍大大小小的蛋糕店，或許可以利用這些經驗進入介紹餐廳的媒體工作，也可以成為鑽研某種事物的研究人員。

有不少人在聽到「讓興趣變成工作」這種建議之後，會開始煩惱「我到底有什麼興趣是可以賺錢的啊？」，有些人甚至會為了讓特定的職業成為自己的「天職」，而硬逼自己尋找「興趣」。

最後當然也有可能陷入「我根本沒有喜歡的事情」、「我的興趣不可能賺到錢」、「說到底，我根本沒有興趣」……這類窘境。

與其在腦海中模擬幾百遍，不如實際嘗試看看。

我們不可能在做之前就知道自己是否「喜歡」這項做都沒做過的事情，而且讓興趣變成工作，然後從中賺到錢的例子也是少之又少。

「別人覺得很難，但你覺得很容易」這件事情就是你的專長所在

所以我覺得不要再執著於「喜歡的事」或是「某種特定職業」，改從自己的能力回推自己適合哪些工作，既能增加工作的選項，也是百利而無一害的觀點。

「別人覺得很難，但自己覺得很容易的事情」，這就是所謂的專長。只要掌握這點，應該就能找到更多適合自己的職業，也能重新規劃自己的未來。

被我這個吃軟飯的人關心職涯，的確是件奇怪的事。不過，若你正在尋找適合自己的職業，將「興趣」、「職業」與「能力」拆開來思考，或許也是個不錯的方法。

其中，最需要重視的是「能力」。

至於「能力」的判斷標準（以我個人來說），是要捫心自問：「每天『努力』去做這件事的話，會不會覺得很辛苦？」。

進一步來說，就是別人覺得必須「用力」才能做到，但你卻不覺得辛苦的那些事情，就是所謂的「能力」。

我從來不覺得努力是白費力氣的事情。

要想有所成就，絕對少不了努力。

不過，大家肯定也都明白「努力不一定就能實現夢想」，就像不是努力就能成為奧運選手或是藝人。

如果只要努力就能達成目標，那大家就不會那麼辛苦了。

有些公司老闆在接受採訪時，會提到以前有多麼辛苦，其中當然也有很多值得學習的地方，但我覺得最重要的，在於不管遇到什麼樣的痛苦，都能「努力不懈、堅持到底」這點。

換句話說，接受採訪的公司老闆是因為找到了能每天努力的領域，所以才能一直堅持下去，最終得以讓事業開花結果。

這與什麼毅力、幹勁無關，沒辦法堅持下去的事情就是沒辦法持之以恆。

我認為「喜歡」這種情緒是可以自行控制的，而且我也覺得，所謂昇華成為職業的「喜歡」，其實是某種自以為是或者錯覺。

能夠持續做、想要更上一層樓，甚至因此愛上這份工作，全是因為「大家都做不到，但我可以」這種優越感，而且還能因此得到讚美。

意即「只要被讚美，就會想要做得更好」。

如果不是對特定職業特別有興趣，大部分的人通常需要被讚美，才會湧現幹勁。

對於不知道工作有何意義的我來說更是如此，「能不能得到讚美」比稿費更加重要。

如果興趣剛好是自己的專長，又能利用這項專長賺錢，那當然另當別論。

至於能否每天持續做著自己喜歡的事情，又是另外一回事了。

所以，與其想著「讓興趣變成工作」，還不如先了解自己「擅長」與「不擅長」的事情，然後找到自己「可能喜歡的工作」，不僅比較有效率，也更有意義。

我的意思可不是指「不要擁有目標」

但我的意思並不是說不擅長的事情就做不久，所以不需要設定目標；也不是要求大家一心一意尋找自己擅長的事情就好（雖然這聽起來有點前言不對後語）。

在擔任現場演奏會的主持人時，我遇過數不清的音樂家，其中有不少人發誓「總有一天我要在武道館辦演唱會，成為大明星！」，也有不少人認真地說，有朝一日要成為音樂製作人。

由於這是需要天時地利人和才能成功的世界，所以就算相信「努力終有回報」，也不一定就能成功。

不過我要再次強調，我的意思可不是「將目標放在成為製作人這件事，不過就是在浪費時間與心力而已」。

因為有些人雖然最初是想要成為製作人，之後卻因為不適合從事樂團活動，選擇轉換跑道，成為錄音室樂手或是幕後工作人員，繼續享受著製作音樂的過程；有些人甚至會換個方向，變成拍攝專輯封面的攝影師，或是攝影器材店的員工。

這些都是原先投入有關音樂的工作才能遇到的選擇，絕不是半途而廢或是妥協的結果。

在朝著目標前進的途中，找到自己的專長，然後切換跑道，絕不等於是將自己累積的資產或技術全部丟到水裡。

說得更正確一點，若沒有之前累積的資產或技術，根本連另一條跑道都找不到。

貫徹志向固然重要，但是我更相信，懂得重視結果與過程，有利於我們改換跑道。

讓擅長那些事情的人去做那些事情就好了

為什麼我這個吃軟飯的人，會一直思考「職業」究竟是怎麼一回事呢？

「不斷逃避之後，我發現不擅長的事情是無法堅持下去的。」

「我就是想要快樂地生活下去。（而且我有很多時間可以思考不去公司上班的理由）」

老實說，我之所以能在思考職業時，將焦點放在「能力」，是因為我在吃軟飯的過程中，釐清了自己「擅長」與「不擅長」的事情，而且吃軟飯的生活也是在我與另一半的能力得以互補的前提之下成立的。

讓擅長家事的人做家事、想要升官發財的人在職場打拼。

這道理再簡單不過。

只要當事人覺得沒問題，性別或是社會大眾的觀感都是無足輕重的小事。

我甚至想過，如果我是女性的話，

「每天做好家事，還能在送老公去上班之後，自己賺點零用錢，應該是社會大眾眼中的好女人吧？」

我實在不喜歡對做家事的人冠上「主婦」或「主夫」這種強調性別的稱呼。讓做得好的人做那件事即可，我想說的僅是如此。

如果是彼此都覺得「很舒適」，能夠分工合作的關係，就不太會覺得有壓力（如果對方也認為不能沒有我，那麼寄生生活就會更舒服）。

一如我敢大大方方地說我不想在公司上班，我從來沒想過要在職場或是社會上有所成就。

我向來認為，讓想賺錢的人賺錢、讓想在大企業上班的人上班就好。

請救救我軟飯王！

戀愛急診室

2

說到底，外遇與偷腥都是禁忌嗎？軟飯王是如何看待這些事情的呢？

對於我這個戀愛觀崩壞的軟飯王來說，外遇是件「傷神」的事情。我覺得不惜冒著花大錢、失去家庭的風險也要外遇的人，實在是腦袋有問題。就算之後遇到再有魅力的女性，我也只會介紹給朋友，讓對方請我喝點酒，或是藉此擴張自己的交友圈吧。

說得更正確一點，外遇是否可行，不應該是由我或是打算外遇的人來回答，而是由另一半來評估。如果諮詢者的另一半覺得外遇很噁心，我當然就會阻止諮詢者外遇；但有些情侶則是希望另一半去找別人解決異於常人的性癖好或是性慾，所以也沒有我插嘴的餘地。

也有些人認為，外遇或是偷腥也沒關係，只要將這個祕密帶進墳墓，一輩子不被發現就好。這聽起來好像很有道理，但是要堅守祕密一輩子，可是件很困難的事。我遇過自己外遇的諮詢者，也遇過被劈腿的諮詢者，而兩者都過得很痛苦。

如果在知道這些事情之後，還是按捺不住內心的情慾，不如先與另一半分手，這樣還比較輕鬆。也可以告訴自己：「我不適合與特定對象交往」，然後尋找與自己價值觀相仿的另一半就好。

盡全力逃避麻煩的軟飯王是不會想要外遇的，因為外遇是件CP值極低的事。

Chapter

6

軟飯王所遵循的
只有自己的價值觀

14 比較社會地位或是年收入一點意義也沒有

為了省下房租，我一直過著吃軟飯的生活。

我覺得光是可以省下房租與水電瓦斯這些費用就已經很奢侈了，畢竟我對錢並不執著，也覺得自己的物慾比別人低。

我的衣服總是穿到破得像是抹布，連女友都覺得這樣看起來太窮酸，忍不住買新衣服給我；至於智慧型手機，我之前用的也是比最新款式還要舊五代的型號，直到女友覺得我很可憐，買了新款智慧型手機給我為止。

我對昂貴的料理或是汽車也都沒有半點興趣。我不知道女友是怎麼想的，但我自己是從來沒有想過要住到好房子裡。

家裡的東西有九成都是女友的，我自己的東西，就算再加上放在老家的，大概也只需要兩個紙箱就能全部打包。像是畢業紀念冊這種東西，我早就不知道收到哪裡去了，我猜應該是丟掉了吧。

我無意假裝自己是最近很流行的極簡主義者，我也不是從以前就是個沒什麼物慾的人。

到底是從什麼時候開始，我變得對於透過身上的行頭來展現自己，以及讓自己擁有多餘的東西這些事情失去興趣的呢？

在比拼行頭的學校裡 我的克羅心碎了一地

我的國高中生活是在千葉縣的一所男校（現在是男女合校），市川學園度過的。

市川學園是一個學年有12個班的大學校，不知道從什麼時候開始，學生之間開始會給彼此的裝扮打分數。

我覺得青春期的學生會對打扮有興趣是件再正常不過的事，但是在家庭貧富差距極大的這個學校裡，時不時尚與懂不懂得穿搭無關，而是取決於身上

行頭的「金額」。

學生們就在「貴＝帥＝厲害＝了不起」這種風氣的影響之下，不斷地比拼身上的行頭。當時有學生戴著要價幾十萬的勞力士上學，也有人明明穿著制服，卻背著愛瑪仕柏金包，這款包包的金額簡直能用天價來形容。

現在想想也是很蠢，當時的我也認同「身上行頭的總金額就等於戰鬥力」這種風氣，把打工賺來的錢全拿去買了在介紹藝人品味的電視節目中看到的品牌，克羅心（Chrome Hearts）的戒指與項鍊。

雖然我根本撐不起這些打扮，但是當時的朋友很羨慕我，我也因為「我可是穿著要價快五十萬的行頭，騎著摩托車上學的人！」而得意洋洋。

改變這一切的關鍵，是某次我看到一位長得很高的同學，在體育課時穿了一件很酷的連帽上衣，然後我問了他是在哪裡買的。

沒想到他回答我：「在二手店買的，只要390日圓。」

自此，我決定退出比拼行頭的校園擂台。

先不論我撐不撐得起這樣的裝扮，仔細照過鏡子之後，我發現那樣的打扮一點都不適合我。

就在那天，我把戒指與項鍊都送給了熱衷於樂團活動的朋友。一來，這些配件在舞台上看起來很帥；二來，這些戒指與項鍊似乎也更希望它們的主人是我的朋友。

當時的我，以為「50萬日圓的配件」能墊高身價，讓自己更受歡迎。沒想到，穿著「390日圓的連帽上衣」的帥哥才更酷。我瞬間覺得自己實在有夠蠢的。

我的意思不是帥哥做什麼事情都是對的。

只是領悟到了那些被社會大眾所追捧的價值（金額、名牌），不一定能帶來預期的效果。

用「領悟」這個詞來形容這個轉變，或許有些誇張，但是當時我的打工時薪不過才1000日圓，就算星期六、日上整天班，每週頂多也只能賺到兩萬日圓。

假設一個月能賺到8萬日圓，需要連續工作半年才能賺到50萬日圓。這就好像是月收入20萬的人，拿出將近150萬去買這些行頭。

當時的我徹底明白，就算花大錢去買昂貴的首飾，也無法提升自己的價值；同時我也頓悟，拿零用錢來跟別人比拼行頭，是件沒完沒了的事情。

人外有人、天外有天　與他人比較是永無止盡的

能拿來互相比較的項目非常多，例如身上穿的衣服、住的房子、平常剪頭髮花多少錢、另一半是否體面、公司是否赫赫有名、薪水夠不夠高……這些全都可以拿來比較。

雖然當時的我只是在學校這個封閉的社群比拼，但真的要以社會大眾心目中那些「了不起！」、「好厲害！」的標準來跟別人比較的話，恐怕是永遠比不完。

我的女友時常因為覺得自己比不上在貿易公司工作的同學而感到沮喪。但

是，就算她真的進入貿易公司，也很可能會覺得自己不如工作能力更強，或是獨立創業、薪水比自己更高的人，然後又變得沮喪。如果將範圍放大至「在職場上活躍的女性」的話，連小池百合子、柴契爾夫人、吉田沙保里或是艾瑪華森等人都可以是比較的對象。

更進一步來說，如果以「那個人在００歲就達成如此豐功偉業」的角度來比較的話，那麼埃及豔后或是聖女貞德這些歷史人物也都是比較的對象，而且越比只會越覺得很沮喪。

所謂的「沒完沒了」就是「看不見盡頭」的意思。

到底要比到什麼地步才能滿足呢？

除了我的女友之外，其他人也會因為比較而感到沮喪。但我覺得這種「因為愛比較而變得沮喪」的個性很笨拙。

「我希望年收入比身邊的朋友高。」

「我要打造每個人嚮往的理想家庭。」

在完成這類以比較為前提所設定的目標之前，必須經歷一連串永無止境的比較，這個過程相當痛苦。

就算真的達成這類根據外界標準所設定的目標，也沒人敢保證就能得到真正的滿足。

就算這個社會真的有所謂的滿分標準，我只要能夠拿到50～60分就好……不，我想我只要能達到「外出時有好好穿著衣服」的水準，勉強及格就可以了。

社會大眾的滿分標準是浮動的

姑且不論在經過一連串的比較之後，也無法得到真正的滿足，希望大家將注意力放在「社會大眾心目中的滿分標準是浮動的」這件事。

在這個由拜金主義主宰的社會裡，總是充斥著「有錢人比窮人更了不起、更厲害」的風氣。

不過在貧富差距如此離譜的現在，當然也有可能會出現「因為擁有很多，所以變得傲慢」的價值觀，而當「想要擁有全世界的財富是件很貪婪的事情」這種想法成為主流之後，或許就會出現「不事生產、不消費的人才偉大」這種新潮思想，過去的價值觀也有可能被推翻。

不同的時代與國家，對於美麗的標準也都不同。

有些國家覺得胖才是美；有些國家則覺得不惜傷害身體，也要不斷地增加肌肉是種美德。你之所以會覺得那個人很漂亮，也不過是用後天被灌輸的美感進行衡量的結果。

我們當然無法抹滅那些後天被灌輸的價值觀。

剛剛提過，我對金錢沒有什麼執著，但我相信不管是誰，收到一億日圓肯定都會很開心，說不定還會開口詢問那位慷慨致贈的人，能不能再多給個100萬。

不過，如果一心追求社會大眾認定的「美好」，只想以社會大眾的標準滿足自己的話，一切將永無止盡。就算想要達到社會大眾設定的滿分標準，也絕對沒辦法達成，因為這個滿分標準本身就是浮動的，再怎麼努力也不可能得到滿足。

將那些社會大眾的價值觀看成「能符合當然最好」的標準，然後自己另外設定屬於自己的標準比較重要。

就算在社會大眾的眼中，你只是個差強人意的人，只要你替自己打120分就可以了。

比起選擇大家都覺得「好」的東西，另外「建立」自己覺得開心的價值觀才更重要。

如此一來，就再也沒有什麼能讓你害怕的事物了。因為你能以自己的標準不斷地讚美自己，也能決定自己要努力到什麼地步，最重要的是，你再也不會因為與別人比較而感到沮喪。

跟我同齡的名人有HIKAKIN、香川真司、泰勒絲等等，他們除了財力與社會地位都遠高於我，就連生活方式也比我特別許多，真要拿來比較的話，我恐怕會瞬間被拋到外太空吧。

我當然可以虛張聲勢地說：「其實我是故意選擇這種生活方式的啦！」，但我自己明白，這麼做不會讓我覺得開心。

就算有人提供我更好的生活方式，我也不可能完全依照對方的建議過活；而且我本來就是因為討厭那些必須努力的事情才會選擇一直逃避，也對這樣的生活很滿足，所以找不到任何要去比較的理由。

只要找到能讓自己滿足的價值觀，無關年齡或是性別，就算覺得別人「很厲害」，自己也不會有任何「不甘心」的感覺。

15 到底是什麼樣的人才不會覺得丟臉？

人會覺得沮喪、難過，都是因為與別人比較。

而會感到「丟臉」，也是源自於「與別人比較」或是「把社會大眾的價值觀套在自己身上」的結果。

假設你一個人待在無人島，就算全身脫光光，大概也不會覺得丟臉。

想要讓人覺得丟臉，就少不了他人的眼光與比較。

或許我們應該先想想，「什麼樣的人不會覺得丟臉」？

更進一步來說，應該是「不管去到哪裡都不會覺得丟臉」才對。

所謂「不管去到哪裡」，指的是數不清、各式各樣，社會刻板印象中的「比較標準」。

比方說，「學歷」、「職涯」、「年收入」、「人際關係」、「財富」

……這些條件越是符合社會衡量標準，就越是讓人感到「羨慕」；相反地，越不符合標準，就越令人覺得「丟臉」。我們從小就會被灌輸這些標準。

「都這把年紀了，也該找份正常的工作吧！」

「都上大學了，該交個男朋友或女朋友吧！」

「既然從早稻田大學畢業，就不該當個吃軟飯的呀！」

這些舉例都省略了「照理說」這三個字。

不過就像我前面一再提到的，所謂的比較是沒有盡頭的，而且所謂的「照理說」，在不同的時代、國家或是社群也都有著浮動的標準，如果符合這類標準，固然可以炫耀一番，但並不代表每個人都會因此感到滿足。

沒有所謂的成功模範或是人生勝利組

就連社會大眾認為的「人生勝利組／失敗組」都值得存疑。

應該不會有人是邊想著讓自己的人生走向失敗，邊活著的吧？可以的話，每個人都想成功，至少不會希望自己過得一團亂。

不過，所謂的「成功／失敗」，通常是以有錢、沒錢這種模糊的標準來衡量，根本沒有具體的答案。

若問什麼是「成功」，大部分的人應該會想到在有暖爐的房間裡，坐在搖椅沙發上面，一邊搖晃著高腳杯中的白蘭地，一邊撫摸著長毛愛犬的年長紳士；或是住在摩天大廈，開著高級汽車的科技業老闆。

若問女性的成功是什麼模樣，有可能就是在適婚年齡的時候結婚生子，然後讓小孩從明星大學畢業吧。

不過，那位紳士坐在沙發上享樂之前，有可能工作忙得根本沒時間花錢；也有可能是因為找不到另一半才會養狗，藉此填補空虛的心靈。這樣真的算是成功嗎？

就算是科技業老闆，如果只是為了滿足虛榮心而購買這些奢侈品，恐怕也沒有別的地方可以拿來炫耀。

至於剛剛提到的勝利組女性，很可能原本其實是想當個職場女強人，卻因為生小孩而決定辭掉工作。

紳士當然有可能覺得工作就是他的生存意義；科技業老闆在買車子或房子的時候，也有可能看的不是價格而是價值；就連剛剛提到的家庭主婦，也很有可能因為「家庭美滿」而感到滿足。但我認為，應該不是所有人都會因為這類刻板印象中的成功形象而感到幸福。

反之，若問什麼是「失敗」，或許大部分的人都會聯想到無家可歸的流浪漢。那麼，那些「選擇出家，透過修行頓悟的人」又該怎麼說呢？

儘管流浪漢與出家者都是身無分文的人，但應該不能將「失敗」這兩個字冠在出家者頭上吧？

我們反而會很尊敬出家者，有時當我們的人生陷入迷惘時，也會希望出現能為自己指點迷津的人。

這麼說來，就算都是無家可歸之人，光是頭銜不同，就能決定這個人到底是「成功」還是「失敗」。

我想強調的是，這世上充斥著各式各樣對於成功或者失敗的想像，但是這些都跟你我的成功與失敗無關，你是成功或者失敗，端看你怎麼思考。

平賀源內到底算是成功還是失敗
全憑我們從哪個角度思考

我認為，成功或失敗不過都是轉眼即逝的事情。

許多人都覺得事業失敗，或是在股票市場大跌一跤，因此債台高築的人就是所謂的失敗者。

不過，這種案例充其量只是在百科全書當中，說明何為嚴重失敗的最佳典範而已，百科裡根本不會提到前因後果。

比方說，這位失敗者有可能在之後還清了債務，還讓自己的事業起死回生；也有可能在破產之後，想辦法另尋出路，找到屬於自己的生存之道。最適合用來說明這種看法不同、評價結果就也不同的例子，即是「平賀源內」這號人物。

平賀源內是一位才華洋溢的人，他帶動了在夏天吃鰻魚這個土用丑日（編註：每年春夏秋冬各有一次土用，分別於立春、立夏、立秋，立冬之前的18天。現在常說的土用丑日多指夏季。）的風潮，也開發了「Elekiter」這台靜電產生裝置，是位備受吹捧，名留後世的知名人物。

不過，後來他卻因為喝醉酒，誤傷了兩名木匠而被關進牢裡，最後死於破傷風，只是這些事情並不為人所知。（譯註：另有一說是因為喝醉酒的木匠打算偷東西，結果被平賀源內發現，才會被平賀源內誤傷。）

若只論他的成就，平賀源內的確是個偉人；但換個角度來看，他可是個殺人魔。

他到底是個成功人士？還是一失足成千古恨的失敗者？這實在是難以一言以蔽之。

我們無從得知他是否過得幸福，更何況幸不幸福也無法由他人判斷。

成功還是失敗由自己來判斷

除了成功與失敗之外，這個社會還充斥著「理想中的情侶」、「理想中的家庭」……等等「理想模樣」，而且每個人對於這些「理想」都有著不同的想像，遑論這些並不存在完全定義的「理想」，不過只是「虛無飄渺」的概念罷了。

只以自己是否符合這些樣貌來判斷自己是「成功」或者「失敗」，實在是件可悲的事。更何況這些理想充其量也只是一種想像，而且這些想像的內容還會隨著時間流逝而產生變化。所以我一直覺得，這世上根本沒有所謂的成功與失敗可言。

就刻板印象來說，我這個「住在沖繩的軟飯王」可以說是個人渣。從社會的角度來看，我的確是該好好工作的年紀才對；但是換個角度來說，我也只是在南方的島嶼，寄生在女性家中，過著安穩的生活而已。

如果與同年紀的人比較，我的存款的確有三位數以上的差距，也因為沒有累積工作經驗，所以幾乎沒有自力更生的方法。

從這個角度來看，我的人生的確是「非常失敗」。

從早稻田大學畢業這點，更是突顯了我身為劣質品的特質。

不過若從我能待在溫暖的島嶼上，靠著替喜歡的電動遊戲寫寫文章、做著樂在其中的家事，就能免去上班的痛苦這點來看，我也算是個「人生勝利

組」吧！（雖然耍了點手段與小聰明）

我希望大家在看到我這個沒用的傢伙也能好好生存的例子之後，能夠發自內心地覺得自己一定沒問題。如果鄙視我能讓大家更有生活動力，我也覺得這樣很好。更何況，我對現在的生活非常滿足，所以不管其他人怎麼看我都無所謂。

假設你很接近社會的理想模樣，那麼誰也不會認真地看待你。

如果想要吹噓自己的成功經驗，別人可能會覺得「你得到的只有能吹噓自己的機會」，就算當場享受到了無與倫比的優越感，回家躺在床上時，還是有可能會覺得空虛寂寞。

有個網路漫畫叫做《少女Ｆｉｇｈｔ》。

裡面有句台詞是：「如果你覺得是那樣的話，就那樣吧！反正只有你這麼覺得。」

這部作品常用這句台詞來挑釁對手。

在我看來，「那樣到底哪裡不行」？

行不行都由自己判斷。成功或是失敗、幸福還是不幸，都只需要由自己來

16 夢想與目標不該只是個點 而是互相牽連的線

「夢想＝就業」有多麼荒唐？

人生的成敗不只取決於賺了多少錢，或是受到多少人的吹捧。有些人會覺得找到想要的工作，完成夢想與目標就是成功。

不過，我從以前到現在，都有一件無法認同的事。

那就是在幼稚園時畫下的「夢想藍圖」。

明明老師是說：「請隨心所欲地畫出自己的夢想。」，但最終大家畫出來的都是特定職業。

女孩子的話，通常會是「花店老闆」或者「蛋糕店老闆」；男孩子的話，通常會是「棒球選手」或者「足球選手」。我記得，當時的自己很排斥這種從制式的答案之中挑一個作為未來的夢想，再畫在紙上的行為。

順帶一提，當時正好是日本J聯賽（日本職業足球聯賽）剛成立的時候（1993年），所以男孩子的夢想清一色都是「足球選手」。

我還記得，在這個空前絕後的足球熱潮之中，電視廣告找來了前足球選手拉莫斯瑠偉出演，市售甜點的贈品也是J聯賽的週邊商品。

就連幼稚園時的自由時間，美其名是「自由時間」，但幾乎都在踢足球。在這個足球風潮的漩渦之中，男孩子幾乎都毫不猶豫地在紙上畫了「足球選手」，而當時的我是個公認的胖子（我自己也這麼覺得），很不喜歡運動，當然也很討厭足球。

不過，我還是在紙上畫了「足球選手」這個夢想。

其實當時的我心裡只有想到「想去看無尾熊」這個夢想，而且我也無法理解為什麼「夢想」必須等於「某個職業」。

話說回來，如果我真的畫了「想去看無尾熊」這個夢想，我覺得一定會被問一大堆有的沒的，所以我才配合其他人，畫了「足球選手」。（這種「不想惹事」的心態，也是一種「逃避」吧！）

不管是將「未來夢想」畫成圖這回事，還是所謂的夢想或是目標，我都覺得只是擷取了某個瞬間而已。

不管是成為足球選手，還是進入貿易公司上班，只要能從事嚮往的職業，就算是達成目標了嗎？

如果想成為足球選手，只要去足球風氣不那麼頂盛的國家，或許就能成為該國的國家代表；現在只要拿得出1日圓，就能創立公司，就算再加上法律程序或是申請謄本的費用，也不會超過50萬日圓，只要自己創立公司，當天就能成為在貿易公司上班的社會人士。

即使目標是在「武道館開演唱會」，只要付得出幾百萬日圓，其實個人也能租下武道館，所以就算沒有正式出道，也能舉辦演唱會。

或許大家會覺得我在詭辯，但是大家應該都知道，達成這些事情，不代表就達成夢想或是目標。

如果目標是成為足球選手，當然是想要成為「理想中的選手」；成功錄取貿易公司當然也不是終點，而是想在這家公司「從事某些工作」；至於在武道館開演唱會這個夢想，當然是希望「為支持自己的人創造感動」。

大學入學考試也是一個典範。入學之後，比準備考試的時候還認真讀書的人少之又少。

我總覺得社會大眾口中的目標都只是某個「點」。

但是光是達到這個「點」，不代表就能永遠感到滿足。

為什麼夢想會與職業或者頭銜綁在一起呢？

就算夢想是某種職業，不是該從「線」的角度來思考進入該行的過程，或是進入該行之後的事情嗎？

「思考與判斷自己想要怎麼活下去。」

我覺得這點才是最重要的。社會大眾口中的夢想或是目標，都讓我有種虛有其表的感覺。

逃離「吃軟飯」的「軟飯王」

夢想與目標都不應該只是個「點」，我實在無法理解「夢想＝職業」這種想法。

我第一次被別人說是個「吃軟飯的」之後，才發現自己是「軟飯王」。其實頭銜是什麼都無所謂，只要方便說明、能讓別人了解我即可。而且我對自己是個怎麼樣的人也沒什麼興趣，更沒有什麼想從事的職業。

我也沒想過，我這個前途不明的軟飯王居然會說出「從今以後想怎麼活下去」這種話。

一直以來，我都是以「輕不輕鬆」、「開不開心」的標準過活（希望大家先不要吐槽我「太過散漫與天真」），所以我「想做的事情」很多，夢想也會隨之不斷膨脹。

最近我找到的夢想，是前往埃及的達哈布自由浮潛。聽說達哈布有著令全世界的自由浮潛人士都感到嚮往的藍洞，而且街上有很多貓。

由於我對埃及只有沙漠的印象，所以這種反差的景色讓我很是著迷。

我也想去杜拜嘗試吸水煙，或是去美國的紐奧良接受巫毒教的詛咒。

我想透過想像，寫一本關於我根本沒去過的國家的旅遊書；我想學會後空翻，作為個人表現開心的方法；我覺得人生至少該試著作一首詞或是曲；我也想為朋友虛張聲勢一次。

總之，「每天都想快樂地活下去」是我的人生方針，如果能跟朋友分享各種經驗，我覺得那就是一種幸福。

當然，要完成這些目標就需要錢，如果能透過一些被別人需要，或是不以為苦的事情賺到錢，那是再好不過。

去達哈布自由浮潛是來到沖繩之後才找到的目標。

換個角度來看，這是在我逃避了自己討厭的事情之後才找到的目標。

來到沖繩後，我認識了新的朋友，也有了常去的酒吧。我可以幫忙轉介來自東京的工作案件給住在沖繩的人，也能把沖繩的案件介紹給東京的朋友，我甚至因此覺得自己的擅長領域逐漸成形。

這麼說來，目標也是流動的。

去了達哈布之後，若是又找到新的目標，或是有了不同的人際關係，屬於我的「感覺會很開心的夢想」，或許還會繼續膨脹下去。

結語 ～來自飼主的謝罪～
真是抱歉！我家這位吃軟飯的居然如此大言不慚

鄰近本書截稿之時，狐米坤突然跑來跟我說：「我寫了十二萬字耶！我把所有我能做到的事情都做完了！我覺得結語應該要由妳來寫比較好。就這麼決定了！這樣這本書才會更有趣！」，然後硬是把「結語」的執筆責任扔到我身上。

大家好，我是狐米坤的飼主。

我家這位吃軟飯的洋洋灑灑寫了一大堆，真是非常抱歉。狐米坤在書裡寫了一堆詭辯，但畢竟他就是個吃軟飯的人，所以還請大家多多見諒。

讀到這裡的讀者，或許會有些狐疑吧？

在翻開本書之前，你或許會覺得，「什麼軟飯王的養成指南？是在開玩笑吧！」；但讀到最後，說不定就會有種「咦？我好像稍微了解他在說什麼了耶？」的心情。

不過，我是覺得大家抱著半信半疑的態度，看完就算了。將各種歪理塞進社會那些不成文的規矩或是理所當然的規範，再大言不慚地胡亂狡辯，正是狐米坤的詭計。

我一開始也覺得，如果「他能幫我煮飯以及做便當，還能幫我洗衣服的話，一定超爽的！」，但是也有想過：「如果他能有效地利用時間就好了。」，而且當我覺得從白天就開始打電動不太對時，他也是不斷地說：「有些人能把『薩爾達傳說』玩到破關，有些人則不行，而我，想成為能夠破關的那種人。」，用這種破綻百出的理由，讓我容許他成為一個整天在家耍廢的軟飯王，這還真是個可怕的招數啊！

話說回來，除了家事之外，我會養一隻像是妖怪的狐米坤還有別的理由。

或許這個理由聽起來有點抽象，不過我是透過狐米坤，才認識到「工作的自己」以及「在外面認真過生活的自己」。

對我來說，狐米坤也是我用來衡量自己「究竟是不是個正常的社會人士」

的指針。

當我覺得工作很辛苦時，我也能告訴自己「至少還有狐米坤會從旁協助我」。光是理解軟飯王的生態，就能讓我的精神穩定下來。

我是那種透過在外打拼的過程才能找到自己，而且「不會輕言放棄，總是堅持到底」的類型，與狐米坤幾乎可以說是完全相反的人。

乍看之下，我與狐米坤似乎是完全不相容的水與油。但是當我在職場上遇到不合理的事情時，他總能從不同的角度給予肯定，也能代替我從胡鬧的角度看待事情。

本書通篇都是狐米坤的各種藉口，說盡他的日常小事以及人際關係。如果各位能從這本像是藉口大全的書中，找到一些讓自己心情放鬆的歪理，或許就是這本書的實用之處。

最後，由衷感謝幫忙撰寫書腰文案的栗原康與山本さほ。

謝謝在本書刊印之際，給予諸多幫助的二見書房，尤其是負責本書的編輯

今天開始吃軟飯！完美伴侶的養成指南

13年全靠女友養！日本名校生親授8大招，憑實力讓7任掏心掏錢

作者狐米坤、谷端實（繪者）
譯者許郁文
主編林昱霖
責任編輯唐甜
封面設計徐薇涵 Libao Shiu
內頁美術設計林意玲

執行長何飛鵬
PCH集團生活旅遊事業總經理暨社長李淑霞
總編輯汪雨菁
行銷企畫經理呂妙君
行銷企劃主任許立心

出版公司
墨刻出版股份有限公司
地址：115台北市南港區昆陽街16號7樓
電話：886-2-2500-7008／傳真：886-2-2500-7796／E-mail：mook_service@hmg.com.tw
發行公司
英屬蓋曼群島商家庭傳媒股份有限公司城邦分公司
城邦讀書花園：www.cite.com.tw
劃撥：19863813／戶名：書虫股份有限公司
香港發行城邦（香港）出版集團有限公司
地址：香港九龍土瓜灣土瓜灣道86號順聯工業大廈6樓A室
電話：852-2508-6231／傳真：852-2578-9337／E-mail：hkcite@biznetvigator.com
城邦（馬新）出版集團 Cite (M) Sdn Bhd
地址：41, Jalan Radin Anum, Bandar Baru Sri Petaling, 57000 Kuala Lumpur, Malaysia.
電話：(603)90563833／傳真：(603)90576622／E-mail：services@cite.my
製版・印刷漾格科技股份有限公司
ISBN978-626-398-006-8・978-626-398-001-3（EPUB）
城邦書號KJ2114 **初版**2024年05月
定價400元
MOOK官網www.mook.com.tw
Facebook粉絲團
MOOK墨刻出版 www.facebook.com/travelmook

國家圖書館出版品預行編目資料

今天開始吃軟飯!完美伴侶的養成指南：13年全靠女友養!日本名校生親授8大招,憑實力讓7任掏心掏錢/狐米坤作；許郁文譯. -- 初版. -- 臺北市：墨刻出版股份有限公司出版：英屬蓋曼群島商家庭傳媒股份有限公司城邦分公司發行, 2024.05
240面；14.8×21公分. -- (SASUGAS ;KJ2114)
譯自：超プロヒモ理論 浮いた家賃は1000万、寄生生活13年の逃げきり幸福論
ISBN 978-626-398-006-8(平裝)
1.CST: 兩性關係 2.CST: 戀愛
544.7 113003905